ESTOU EM REUNIÃO

Boas festas e venturoso Ano Novo!

Com os cumprimentos do amigo,

João Teodoro

Dez/10

CHRISTIAN BARBOSA

ESTOU EM REUNIÃO

Um programa para modernizar as reuniões na sua empresa

A

NEGÓCIOS

Capa
Douglas Lucas
Foto: Imagewerks/Getty Images

Copidesque
Débora Chaves

Revisão
Argemiro de Figueiredo
Roberto Ramos

Produção editorial
Paulo Cesar Veiga

CIP-BRASIL. CATALOGAÇÃO-NA-FONTE
SINDICATO NACIONAL DOS EDITORES DE LIVROS, RJ

B195e

Barbosa, Christian
Estou em reunião : um programa para modernizar as reuniões na sua empresa / Christian Barbosa. - Rio de Janeiro : Agir, 2009.
il.

ISBN 978-85-220-0872-8

1. Reuniões de negócios. 2. Reuniões de negócios - Planejamento. I. Título.

09-1938.
CDD: 658.456
CDU: 65.012.45

Rua Nova Jerusalém, 345 – Bonsucesso
Rio de Janeiro – RJ – CEP 21042-235
Tel.: (21) 3882-8200 – Fax: (21) 3882-8212 / 3882-8313
www.ediouro.com.br

SUMÁRIO

INTRODUÇÃO

Um fator comum a todas as empresas, de qualquer tamanho e segmento, em qualquer lugar do mundo, é que as reuniões se tornaram cada vez mais constantes, longas e ineficientes.

É interessante ver como chegamos a esse ponto ao longo das décadas, desde o fim da era industrial e o início da pós-industrial, ou da era da informação, como Alvin Toffler definiu.

Na época da revolução industrial, o profissional ficava de certa forma "ilhado", seu trabalho tinha uma característica muito mais individualista e seu tempo era dedicado basicamente à realização de tarefas rotineiras.

No início da década de 1960, Peter Drucker criou a figura do "trabalhador do conhecimento", que trabalhava em equipe e tinha uma rotina imprevisível. Essa transformação fez com que as reuniões adquirissem um papel importantíssimo — de fazer o trabalho fluir nas empresas. Nesse momento, começa o caos.

Se você pertence à geração *baby boomer*, X, Y ou QCI (qualquer coisa que inventem), não deve ter tido aulas sobre reuniões eficazes na escola. As pessoas simplesmente se formavam e entravam no mercado de trabalho e, de repente, eram chamadas para comparecer a uma sala cheia de gente e participar da tal reunião.

É verdade que as reuniões evoluíram muito ao longo dos anos. Recursos multimídia foram incorporados a partir da década de 1960, alguns inclusive dignos do filme *Jornadas nas estrelas* (caso da telepresença usada pela Cisco atualmente), mas a maioria continua apresentando resultados irrelevantes. Atire a primeira pedra quem não participa de uma reunião inútil pelo menos uma vez por mês (ou será que um índice semanal não seria mais apropriado?).

Há muitos anos decidi direcionar o meu foco profissional para a pesquisa e o estudo da administração de tempo e da produtividade e suas diversas vertentes. Quando lancei o meu primeiro livro, *A tríade do tempo*, já dava aulas de gestão do tempo e consultoria na área de produtividade. Apesar de o assunto ser bastante relevante, poucas empresas se preocupavam realmente em melhorar suas reuniões.

A pesquisa feita com mais de 15 mil pessoas para o livro gerou a metodologia de produtividade Tríade e uma lista com os maiores vilões do tempo no mundo corporativo. Embora não estivessem entre os principais problemas mencionados pelos entrevistados, as reuniões foram citadas como uma das grandes fontes de desperdício de tempo e energia no ambiente de trabalho.

Será que as reuniões ineficazes se tornaram um hábito tão enraizado nas corporações que já deixaram de incomodar as pessoas? Será que viraram rotina, como acontece com aquele barulho que surge no carro e no princípio chateia, mas com o passar do tempo se torna natural e perceptível apenas por quem está andando no carro pela primeira vez? Pode ser, afinal o ser humano tem mesmo uma incrível capacidade de adaptação. A verdade, porém, é que as reuniões se tornaram um grande problema corporativo — afinal, são hoje um dos principais desperdiçadores invisíveis de dinheiro.

Para ajudar a transformar as reuniões corporativas em reuniões de resultado, desenvolvi, junto com a minha equipe, um programa de mudança de cultura corporativa e condução de reuniões que treina condutores internos e os ensina a levantar os custos das reuniões realizadas em suas empresas.

O que vou afirmar agora pode soar catastrófico, mas quando analisei a base de clientes da Triad, minha empresa de consultoria especializada em produtividade, encontrei números impactantes. Você sabia que uma empresa de 100 funcionários que realiza, no mínimo, quatro horas semanais de reuniões, gasta anualmente quase R$ 1 milhão nesses encontros (considerando o valor/hora de cada participante a R$ 50)? Se formos otimistas e pensarmos que metade das reuniões não obteve nenhum resultado, é possível afirmar que a cada 100 funcionários a empresa desperdiça anualmente R$ 500 mil!

Impressionante, não é mesmo? O mais incrível é que esses números são extremamente conservadores, pois temos clientes com prejuízos anuais muito maiores do que os valores mencionados. Em algumas empresas, os profissionais chegam a ficar 25 horas por semana em reuniões. Se forem executivos de alto escalão, dá para imaginar o valor/hora desperdiçado por ano.

Esse é o momento em que você tira uma cópia destas páginas e mostra ao seu líder ou aos membros de sua equipe, para que eles possam refletir sobre o tema e começar a procurar soluções. Se a sua empresa sofre desse mal, ou seja, se ela também perde tempo e energia com reuniões inúteis, aprenda a minimizar o problema.

Neste livro você encontrará uma metodologia eficaz para obter resultados efetivos em suas reuniões, com princípios já testados e aplicados por milhares de profissionais. Ela é resultado de extensas pesquisas e estudos de caso e compreende as seguintes iniciativas: redução do número de reuniões, aumento da eficácia das realizadas, criação de uma nova cultura de reuniões na empresa, aperfeiçoamento de técnicas para condução de reuniões eficientes e dicas sobre como lidar com os problemas que surgem durante as reuniões.

Como já participei de muitos cursos sobre reuniões eficazes, percebi que, com raras exceções, os instrutores têm apenas conhecimento teórico sobre o assunto. Quero deixar claro que ninguém domina a arte de conduzir reuniões do dia para a noite, pois não basta aprender a teoria — é preciso experimentar, praticar, errar e entender as melhores formas de tornar uma reunião produtiva.

Este livro nasceu dos pedidos de diversas pessoas que não conseguiram participar do nosso programa de reuniões de resultados, ou de clientes que ficavam impressionados com o bom efeito obtido por empresas que haviam implementado o nosso programa. Em junho de 2008, a revista *Veja* publicou uma matéria de duas páginas com a pesquisa realizada pela Triad, contendo algumas dicas e um teste sobre reuniões de resultados. Em consequência, recebemos mais de 300 e-mails solicitando informações, consultoria e dicas de como melhorar reuniões.

Essa reação entusiasmada me motivou a reunir casos reais conduzidos pelo time de consultoria da Triad, além de minhas próprias experiências, erros e acertos ao longo dos anos. Espero que este livro o ajude a encurtar o tempo de aprendizado e a parar de jogar dinheiro e tempo no lixo. Se seguir as recomendações, com certeza você terá mais tempo para as atividades que são realmente importantes.

CAPÍTULO 1

REUNIÕES PRECISAM TER BONS RESULTADOS

Na Introdução, chamei a atenção para o prejuízo absurdo que as reuniões causam às empresas. Se você não acreditou nos números apresentados, faça o seu próprio levantamento e veja o quanto de tempo e dinheiro é desperdiçado com reuniões inúteis.

As empresas têm sempre a preocupação de cortar despesas, mas não conseguem enxergar o gasto invisível que as reuniões geram. Em vez de diminuir equipes e investimentos, que tal reduzir o número de reuniões e melhorar sua qualidade? Essas medidas vão permitir que as pessoas tenham mais tempo para trabalhar em prol de melhores resultados.

Você já parou para pensar por que as reuniões são tão ineficientes? Reflita sobre as últimas reuniões de que participou ou organizou e tente identificar os principais motivos do insucesso. Provavelmente, surgirão em suas lembranças itens como falta de foco, conversas paralelas e descumprimento de horários, entre outros.

Segundo as mais de duas mil pessoas que responderam à pesquisa que a Triad Consulting realiza desde 2007 em parceria com a revista *Você S/A*, a única maneira de tornar as reuniões corporativas mais produtivas é fazer uma revolução na cultura das empresas.

Quando questionadas sobre o que acham da condução das reuniões, 65% das pessoas disseram que são mal conduzidas. Apenas 35% afirmaram o contrário. Em outra pergunta, o questionário pede uma avaliação do percentual de reuniões realmente eficientes e produtivas: apenas 6% afirmaram que 80% ou mais das reuniões são eficazes e produtivas. Para 71%, cerca de metade ou menos das reuniões são bem-sucedidas.

Quando o participante foi solicitado a escolher até quatro problemas, entre os vários citados, como os principais culpados pelas reuniões ineficazes, a falta de foco durante a reunião ganhou 57% das indicações, seguida por conversas paralelas com 45%, horários não cumpridos com 44% e falta de definição de próximos passos com 39% das respostas. Alguma semelhança com as reuniões realizadas na sua empresa?

Perguntamos também qual o percentual das reuniões que eles participavam que eram realmente eficientes e produtivas e apenas 6% dos entrevistados afirmaram que 80% ou mais das suas reuniões são totalmente eficazes e produtivas. Para 71% dos entrevistados, metade ou menos das suas reuniões têm eficácia.

O interessante é que os problemas apontados não são por si só os grandes vilões das reuniões inoperantes, e sim consequências de dificuldades mais profundas geralmente negligenciadas. Entre elas, a liderança situacional e a necessidade humana de se reunir, de agir e de se valorizar.

De qualquer forma, esses quatro problemas formam a estrutura que mantém as reuniões inúteis e improdutivas. Todos os outros são derivados ou originados a partir deles. Entender cada um ajuda na busca de uma solução, bem como na identificação da sua maior dificuldade em reuniões.

A necessidade humana de se reunir

Desde antes da descoberta do fogo as pessoas já sentiam necessidade de ficar juntas, seja para se aquecer ou caçar. De lá para cá, esse comportamento tem se intensificado. O que é mais humano do que o desejo de se encontrar com as pessoas que comanda, com os colegas de trabalho ou com os líderes que estão acima de você?

O desejo de promover reuniões no ambiente de trabalho é natural, o que nos leva a perceber que a ideia de proibir as reuniões é antinatural, daí a enorme dificuldade de ser colocada em prática. Se algo pode ser conversado em grupo, por que ficar sozinho?

Por isso, não seja radical. A solução não é cancelar todas as reuniões de uma hora para a outra. O ideal é ir diminuindo aos poucos o número de convocações — e de participantes, se for possível — até que naturalmente não aconteçam mais tantas reuniões.

Conheci um gerente comercial que aos 28 anos assumiu pela primeira vez o comando de uma equipe de 15 vendedores.

Vamos chamá-lo de João para manter o anonimato. Como ele passava quase o dia inteiro envolvido em reuniões, o seu diretor contratou a consultoria da Triad justamente para identificar os problemas e aprimorar as reuniões da equipe comercial.

Quando perguntei a razão de tantas reuniões, João explicou que só duas eram fixas: a de planejamento geral, às segundas-feiras, e a de levantamento de resultados, às quintas. As outras eram convocadas por conta de problemas pontuais, para dar feedback a algum vendedor, incentivar a equipe ou reajustar as metas de vendas.

João disse que tinha mantido o mesmo padrão de seu antecessor e que algumas reuniões eram realizadas por exigência da diretoria. Porém, acabou confessando que, como era um gerente novo, queria mostrar resultados e, para isso, precisava acompanhar de perto sua equipe para poder dar feedbacks rápidos.

Estava claro que João queria se posicionar como gerente, melhorar o processo e dar diretrizes à equipe. O que ele não conseguia entender é que as reuniões não estavam ajudando e sim sugando o tempo dedicado à venda, além de irritar boa parte dos vendedores.

Quem nunca teve um chefe como João? Um chefe que toda hora convoca uma reunião inútil ou burocrática apenas para estar junto de seus "pares"— ou, como se aprende em alguns cursos de liderança, para delegar tarefas e responsabilidades (*empowerment*) ao time.

Aprendi muito durante a implementação do programa na equipe de João, principalmente sobre cortar reuniões desnecessárias e realinhar a equipe. Após três meses fazendo apenas uma reunião quinzenal de duas horas de duração, o resultado foi vendas 15% maiores, pois a equipe passou a ter tempo para fazer o óbvio — ou seja, vender.

Voltaremos às reuniões do João mais adiante. Por ora, entenda que, por mais que você sinta necessidade de fazer reuniões, esse hábito precisa ser mudado. É importante iniciar uma dieta de reuniões e torná-las cada vez mais raras. Mas é preciso começar aos poucos.

Liderança situacional

Reza a tradição que a pessoa que convoca é a que geralmente lidera a reunião. Os participantes esperam que o líder assuma a responsabilidade de organizar a pauta de assuntos a serem discutidos. O que costuma ocorrer, porém, é que após os primeiros 20 minutos o líder começa a deixar que outros assumam a liderança do processo e a reunião, que passa a ter líderes de acordo com a situação discutida.

É comum a liderança da reunião ser transferida para a pessoa mais falante, ou para a que conhece melhor o assunto, ou para a que tem um cargo superior, ou para a que está revoltada, ou ainda para a que tem a grande sacada.

A questão da liderança situacional ainda se agrava com a tendência de as pessoas fugirem do conflito. Ninguém gosta de dizer com clareza o que precisa ser dito. Para não causar melindres, usamos de evasivas para que os fatos sejam "suavemente entendidos" e muitas vezes o objetivo da reunião fica em segundo plano.

Muita ação, pouca solução

Durante as consultorias que faço sobre administração do tempo, percebo que muita gente se deixa levar pela urgência das tarefas. Isso as mantém ocupadas, mas não se reflete na prática. Agir de modo frenético não significa evoluir ou obter resultados, muito menos ser produtivo.

Grande parte das reuniões acontece para atender à necessidade de ação do ser humano. Muitos gestores acreditam que manter a agenda cheia ajuda a equipe a atingir os objetivos, a vencer dificuldades e a realizar o trabalho atrasado. Na verdade, proporciona apenas a falsa sensação de que algo está sendo feito.

Reuniões sem foco levam a equipe a perder tempo, a falhar na execução de suas prioridades e a reclamar da falta de tempo para fazer o que realmente precisa.

No final de 2007, acompanhei uma reunião de planejamento de três dias em um hotel de luxo em São Paulo. O objetivo era discutir a estratégia para o ano seguinte, analisar as novas diretrizes enviadas pela matriz americana e definir as metas para o próximo ano. Nem preciso mencionar o alto custo de manter quase 50 executivos fora do dia a dia da empresa durante tanto tempo.

Na primeira reunião estava prevista uma avaliação do resultado do ano corrente, da situação do mercado e das pesquisas realizadas. Tudo poderia ter sido resolvido em duas horas, mas, a certa altura, os executivos perderam o foco e começaram a discutir minúcias. Decidiram inclusive refazer os cálculos das planilhas Excel para provar que um departamento era mais culpado do que o outro, ou que os números estava errados.

Depois de um longo trabalho de cálculo, muita discussão e piadas, o grupo constatou que a diferença de números era mínima e que não afetava o desempenho da empresa. Resultado: ação demais e nenhuma evolução.

Necessidade de autovalorização

Imagine a seguinte cena: seu diretor o convoca para uma reunião sobre um problema urgente. Os principais gestores também vão estar presentes. Nos primeiros minutos, o diretor apresenta a questão com ar tenso, fala das consequências e faz cara de quem precisa de um salvador.

Todos começam a discutir os fatos, levantam os fatores que geraram o problema e analisam os dados antes de propor soluções. O diretor ouve atentamente as sugestões, não parece convencido e explica por que esta ou aquela ideia é inaplicável. Todos lhe dão razão e voltam a pensar em outra saída. De repente, como num sopro de inspiração divina, ele fala: "E se fizéssemos tal coisa, o que acham?" O grupo analisa a viabilidade da ideia do diretor e em poucos minutos a aprova. Todos o parabenizam pela sabedoria e pela rapidez com que solucionou o problema tão urgente.

A necessidade de se sentir valorizado é, sem dúvida, uma grande fonte de reuniões desnecessárias. O exemplo mostra que o diretor provavelmente já sabia qual solução queria dar, mas preferiu fazer isso em público e receber o reconhecimento de seus pares.

Já vivenciou alguma situação parecida? Qualquer semelhança com a sua empresa não é mera coincidência.

Reunião precisa ter resultado

Os quatro problemas que formam a base das reuniões inúteis podem gerar outras dificuldades no ambiente de trabalho. Caso você tenha se identificado com algum deles, não se desespere. Nos próximos capítulos, vamos analisar a estrutura das reuniões e entender qual é o melhor processo para obter resultados práticos.

Não gosto do termo "reuniões eficazes", pois acredito que já não basta ser eficaz. Tem que produzir bons resultados!

CAPÍTULO 2

DIETA DE REUNIÃO

O melhor tipo de reunião é a que não acontece. Exatamente. A reunião perfeita é aquela que é evitada e, por isso, não precisa de planejamento, ação ou acompanhamento.

Infelizmente, temos uma mente ávida por reuniões. Quando precisamos resolver algum problema ou discutir alguma ideia, em geral a primeira providência é reunir as pessoas para uma conversa. O correto, no entanto, seria fazer uma dieta de reuniões. Ou seja, sempre que puder, evite fazer uma reunião, não hesite! Se não for possível, aplique a metodologia para que ao menos ela seja eficaz.

Uma frase pertinente sobre o assunto foi dita pela vice-presidente de operações do McDonald's, Jan Fields, em entrevista à revista *Exame*, na edição de novembro de 2008: "Reuniões fazem com que as pessoas percam o foco no trabalho. Sempre que estão numa reunião, não estão fazendo aquilo que deveriam fazer."

Apesar de radical, a frase faz sentido. Se puder cancelar o encontro e focar no trabalho, não pense duas vezes — o cancelamento é sempre a melhor alternativa.

A diferença entre reunião e conferência

Para diminuir o número de reuniões, o primeiro passo é entender o que caracteriza uma reunião e quais são os seus objetivos. Se você refletir um pouco sobre o verdadeiro propósito de uma reunião, perceberá que as alternativas mais prováveis são motivar a equipe, comunicar fatos, tomar decisões, treinar pessoas, chegar a soluções, discutir conceitos, apresentar ideias ou produtos, desenvolver serviços, planejar ações, dar feedback etc.

Os motivos para convocar uma reunião são os mais variados possíveis, mas o objetivo é um só: levar as pessoas a executar determinadas ações.

Outro fato importante é o tempo de duração dos encontros. Por quanto tempo as pessoas conseguem manter a concentração em uma reunião, participando dela de verdade? Se forem sinceras, dirão que talvez uma ou duas horas.

Com base nesses critérios, podemos concluir que uma reunião produtiva costuma ser rápida, ter um objetivo a ser alcançado e gerar algum tipo de ação. Isso nos ajuda a restringir o universo das reuniões que valem a pena e a excluir os encontros informativos, as discussões sem resultados, as apresentações e os treinamentos que podem ser definidos genericamente como conferências ou fóruns, mas não como reuniões. Confira a tabela comparativa.

	Reunião Produtiva	**Conferência e etc.**
Duração	Curta (no máximo duas ou três horas)	Média ou longa
Objetivo	Existe uma meta a ser alcançada e ações a serem realizadas	Em geral são informativas e não requerem ações posteriores
Público	Pessoas com foco na execução do objetivo	Pessoas com foco no conceito ou na informação
Quantidade de pessoas	Poucas pessoas	Grande número de participantes
Tipo de apresentação	N para N (várias pessoas discutindo assuntos)	1 para N (em geral um ou dois apresentadores para N pessoas)
Foco da interação	Discussão de assunto e tomada de decisões; assuntos definidos e mensuráveis	Apresentação de fatos e levantamento de opiniões
Logística	Mínima: sala de reunião tradicional e alguns recursos audiovisuais	Em geral complexa: exige reserva de salas, equipamentos de som, vídeo, lanche durante o coffee-break etc
Resultado esperado	Uma lista de ações claras, com responsáveis e métodos de avaliação e controle	Um conjunto de definições, informações ou ideias
Exemplos típicos	Problemas com clientes; definição de plano estratégico; venda de produto ou serviço; feedback para colaborador e levantamento de informações	Encontro de vendas para apresentação de resultados ou de nova estratégia de marketing; treinamentos e apresentações da diretoria; reuniões de *follow-up*

Além de terem propósitos distintos, a conferência e a reunião têm formas de condução e de acompanhamento completamente diferentes. No quesito redução, no entanto, o princípio é o mesmo para as duas modalidades — quanto menos, melhor!

Estratégias para reduzir a frequência

Temos aqui dois grandes objetivos: diminuir o número de reuniões e melhorar a produtividade daquelas que são imprescindíveis. Vamos nos concentrar, primeiro, em quanto podemos reduzir.

De acordo com minha experiência na condução e implantação de programas de reuniões produtivas, depende da situação encontrada. Já soube de empresas que reduziram em 65% o número de reuniões, enquanto outras preferiram investir no aperfeiçoamento e na qualidade das reuniões realizadas, pois consideravam ter um número adequado de encontros.

Resumindo: é possível cortar entre 15% e 30% o número de reuniões em qualquer tipo de empresa, gerando uma economia de milhões por ano. Vale ressaltar que, para efeito de cálculo, essa estimativa considera também a redução da duração das reuniões. Se um encontro dura duas horas e conseguimos realizá-lo em uma hora, isso significa um corte de 50%.

A seguir, veja as dez estratégias simples e práticas que funcionam para qualquer tipo de empresa. Caso alguma delas não se encaixe no seu caso, tente adaptar, mudar e aplicar. O importante é não perder a oportunidade de diminuir o número de reuniões realizadas.

Reunião sem objetivo é fracasso certo

Se uma reunião não tem um objetivo claro, é grande a chance de ser pura perda de tempo. Neste caso, deve-se questionar o objetivo da reunião e se vale a pena participar ou se é melhor recusar o convite.

Se o seu chefe costuma convocar reuniões sem um propósito definido, não o critique — ajude-o a focar em metas produtivas. E faça isso por meio de uma conversa pessoal ou no próprio e-mail de convocação.

Certa vez, numa empresa em que a Triad implantou o programa de reuniões de resultados, o departamento-alvo era muito requisitado pela diretoria de marketing para reuniões sem qualquer objetivo. Em geral, a secretária ou o próprio diretor de marketing faziam as convocações, o que deixava a equipe intimidada e sem coragem de questionar a real necessidade da participação.

Apesar de o diretor de marketing não ter participado do programa, a solução veio de sua própria equipe. Veja o e-mail enviado por um funcionário em resposta à convocação para uma reunião sem objetivos claros. Por uma questão de privacidade, os nomes foram alterados e os detalhes suprimidos.

> Fernando,
>
> Em nossa área participamos de um programa para melhoria de reuniões e estamos implantando

um processo para torná-las mais produtivas. Como a dica-chave é definir o objetivo do encontro, me proponho a ajudar na definição da pauta de assuntos. Se der certo, você pode replicar o modelo em sua área.

Pelo que entendi da convocação, sugiro enviar outro e-mail com o objetivo da reunião e o passo a passo descrito abaixo. Se possível, gostaria de ser a condutora desse encontro...

Obviamente, nem tudo foram flores nessa primeira troca de e-mails. Segundo o feedback que recebi, foram necessárias algumas trocas de e-mail para que a diretoria de marketing começasse e mudar a forma de organizar e conduzir suas reuniões. O importante é que alguém tomou a iniciativa e deu o primeiro passo.

Por que você não faz o mesmo em sua empresa? Se não conseguir que as pessoas definam o objetivo da reunião, avise que não vai poder participar, pois é grande a chance de que não passe de um enorme desperdício de tempo e energia.

Tente resolver por e-mail

Além dos quatro principais problemas que geram reuniões problemáticas, existe ainda um motivo inconfessável: a necessidade que certas pessoas têm de se autovalorizar. Quem tem esse tipo de personalidade vive inventando reunião só para ter a chance de exibir sua capacidade de apresentar soluções.

Se você está planejando convocar uma reunião, pense antes em uma possível solução e a envie por e-mail para que a equipe possa se manifestar. Se a ideia for interessante e todos concordarem, resolverá o problema sem precisar reunir o grupo e ainda terá poupado um bom tempo de todo mundo.

Sem a presença de gestor, é pura perda de tempo

Numa ocasião, acompanhei uma consultora de vendas durante uma negociação para a implantação de um projeto em uma grande multinacional em São Paulo. O cliente havia solicitado o encontro e estava disposto a iniciar o projeto o mais rápido possível. Após 20 minutos na recepção da empresa, fomos atendidos pela assistente do diretor, pela analista de RH responsável pelo projeto e pela coordenadora de compras. E o diretor que convocou a reunião e estava cheio de pressa? Ele teve um imprevisto e pediu para que a sua assistente o representasse.

Quando soube do fato, propus que a reunião fosse adiada, pois a negociação já estava encaminhada e bastava apenas a aprovação do processo pelo diretor. Sem ele, não fazia sentido. Não sei se estavam meio entediados com o trabalho ou se ficaram com medo de contrariar a ordem do diretor, mas o fato é que pediram que a reunião fosse mantida. Resultado: após repetir tudo o que já havia sido tratado anteriormente, alguns comentários sobre o problema da economia mundial e a previsão do tempo, consegui encerrar a reunião uma hora depois. Como eu previra, nenhuma decisão foi tomada, mas todos pareciam muito satisfeitos, pois o papo fora muito agradável.

Essa é a típica reunião que pode ser cancelada. Se não existe possibilidade de decisão devido à ausência da pessoa-chave ou por qualquer outro motivo, para que se reunir? Só para ficar discutindo sobre o nada e retomar a discussão quando a pessoa-chave puder participar? Depois as pessoas reclamam que não têm tempo para nada...

Se algo semelhante acontecer com você, tente cancelar. Mas se for pego de surpresa e não conseguir contemporizar, revise os pontos negociados e marque o próximo encontro.

Informações que economizam tempo

O tipo de reunião mais fácil de eliminar é a que tem um objetivo puramente informativo, tal como a apresentação da nova tabela de preços de produtos, do novo formulário de reembolso, da nova parceria com um fornecedor etc. Como a meta é informar coisas que já foram decididas e não podem ser mudadas, o papel de cada participante é de mero espectador.

Existem empresas que usam esse tipo de reunião para "engajar, apresentar ou explicar assuntos à equipe", mas a verdade é que ela é dispensável, a não ser que seja realizada de maneira mais produtiva. E como seria isso? Simples. Em vez de perder tempo explicando as novas regras, envie um e-mail aos membros da equipe avisando que todos deverão ler a informação (slides, texto e/ou vídeo) antes para evitar perder tempo na reunião, que será apenas para tirar dúvidas e explicar algum ponto mais complexo.

Infelizmente, muita gente parece acreditar que ainda está na escola, onde tudo deve ser explicado e detalhado ou então não pode ser cobrado depois em "uma prova". É preciso deixar o paternalismo de lado. Cada profissional tem de assumir a responsabilidade por suas atitudes e também por suas negligências no ambiente de trabalho. Para que isso aconteça, ofereça os meios.

Com a informação previamente distribuída, a reunião ganha agilidade, pois o apresentador só precisa reforçar os pontos mais importantes e tirar eventuais dúvidas. No começo, algumas pessoas vão resistir, mas, aos poucos, com a repetição desse procedimento, elas vão se habituar e nunca mais conseguirão perder horas como meros expectadores de coisas que poderiam ter aprendido em seu próprio ritmo. É mais simples, honesto e produtivo. Experimente.

Tarefas para realizar antes da reunião

São três da tarde da última quarta-feira de novembro e sete pessoas estão reunidas para definir a festa de final de ano da empresa. A gerente de RH começa falando da necessidade de fazer uma comemoração diferente, que proporcione um clima de integração entre todos os funcionários, e pede sugestões de lugares e atividades.

Cada pessoa sugere um local diferente, algumas citam nomes de bufês e serviços de catering, outras sugerem palestrantes ou DJs e um pequeno grupo conversa sobre as festas anteriores. Algumas horas depois, todas saem com a missão de pensar em algo para o próximo encontro. Esse é o tipo de reunião que pode ser extinta. Afinal, sua única utilidade foi marcar a próxima reunião e gastar dinheiro da empresa à toa.

Para reverter tal situação, é preciso transformar a reunião numa lista de tarefas previamente distribuídas via e-mail. Assim, os participantes podem trazer as primeiras informações, evitando um bom tempo de trabalho jogado fora e tornando a reunião de fato num encontro para tomar decisões. Confira o exemplo:

Prezados Colegas,

Precisamos definir a festa de fim de ano ainda esta semana. Para adiantar os trabalhos, peço que já tragam para discussão:

a) três sugestões de datas para serem votadas;

b) duas sugestões de lugares de festa (com sites, telefones de contato e preços);

c) duas sugestões de atividades diferentes e que integrem a equipe;

d) Sugestões de cardápio.

A reunião definirá os itens acima e estabelecerá os próximos passos.

Conversas informais

Não há dúvida de que um terço das reuniões de que você participa poderiam ser substituídas por conversas informais ou bate-papos no café, no corredor ou no espaço comunitário da empresa.

Uma empresa para quem a Triad prestou consultoria decidiu comprar 12 mesas e banquetas de bar (aquelas altas, que facilitam pequenos agrupamentos à sua volta) e distribuir por pontos estratégicos, geralmente ao redor das máquinas de café. Após criar esses espaços, o RH começou a incentivar as conversas informais em vez de reuniões, principalmente quando se tratava de assuntos simples que exigiam decisões rápidas.

Além de liberar as salas de reunião da empresa, a estratégia propiciou a diminuição de 18% do tempo total gasto com reuniões somente no primeiro semestre do ano. Até gestores e coordenadores foram incentivados a tentar resolver seus assuntos nessas mesas altas, durante o café, em encontros de 20 minutos em média.

Muitas reuniões se alongam devido à comodidade de

as pessoas estarem sentadas em uma sala fechada e em cadeiras acolchoadas. Quando ficamos de pé, num ambiente menos reservado — uma "exposição forçada" —, a objetividade se impõe.

Se a empresa em que você trabalha não tiver esse tipo de espaço comunitário, ou mesmo uma copa, use a própria mesa para discutir um assunto enquanto toma um café com os colegas. Não é o ideal, mas também funciona.

Chat ou Messenger

Sempre me perguntam o que acho de recursos como o "Messenger Corporativo", que permite comunicação instantânea entre pessoas da mesma organização. Essas tecnologias podem ser grandes aliadas na produtividade pessoal e profissional, desde que bem utilizadas.

Acredito na previsão de alguns visionários de que por volta de 2020 o e-mail será uma tecnologia em extinção, substituída por ferramentas de colaboração instantânea como o Messenger, o Twitter, o blog e a comunidade virtual.

Como viajo bastante, costumo fazer grande parte das reuniões com a minha equipe de desenvolvimento através do Messenger. É fácil conversar com até cinco pessoas sobre um tópico simples.

Uma vantagem adicional é que o Messenger não favorece conversas longas (há sempre exceções). Em geral, com 10 a 20 minutos o problema está resolvido.

Conversa individualizada

Um cliente da área farmacêutica contratou uma grande consultoria para rever o processo de venda de sua equipe de propagandistas. Nesse contexto, propôs aos gerentes distritais que realizassem duas reuniões semanais com a equipe: uma de alinhamento (segunda-feira) e outra de engajamento (sexta-feira).

O objetivo era saber como foram as visitas da semana, quais as dificuldades e as oportunidades. Como o pessoal fica distribuído por todo o país, as conversas teriam de ser feitas por telefone. Imagine cada propagandista esperando no mínimo 40 minutos para ter a chance de falar por cinco minutos sobre a sua semana de trabalho. É nessas horas que dá saudades de ligar para a sogra, de ver sessão da tarde na TV ou de adivinhar a forma das nuvens.

Fomos contratados para racionalizar processo. Além dos gerentes, alguns consultores também participaram do treinamento. No meio do curso, alguém falou sobre o martírio telefônico, e o consultor, todo orgulhoso, me olhou e disse: "Fizemos isso para otimizar o custo de deslocamento e o tempo da equipe. Boa sacada, não"?

Respondi que não concordava. Além de monótono, o processo era ineficaz, pois se o objetivo era compartilhar boas práticas, depois de 20 minutos ninguém tinha motivação para ouvir mais nada. A solução? Trocar esse tipo de reunião virtual em grupo por um bate-papo apenas entre o gestor e o propagandista. Uma reunião quinzenal coletiva seria o momento de compartilhar as boas práticas e sugestões que surgirem no período.

Quando se fala em "conversa individualizada", parece que a ideia é trocar uma grande reunião por várias individuais. Na teoria é isso mesmo, mas a realidade mostra que tal procedimento permite ganhar tempo, foco, liderança e otimização dos recursos.

Esse é o processo que adoto com a minha equipe de projetos, principalmente quando quero fazer um *follow-up* de atividades. Primeiro, uso o e-mail, depois converso individualmente e só então agendo uma reunião. Mesmo assim, procuro direcionar o foco para assuntos de interesse coletivo e não apenas individuais.

Processo de colaboração

Hoje em dia é muito comum haver reuniões de revisão ou "alinhamento de conceitos". Uma consultoria mundial na área de RH, cliente da Triad, tem uma técnica chamada *Peer Review* (revisão em par), que faz com que o trabalho de qualquer pessoa seja revisado por um colega. O conceito é positivo e de fato evita erros. Na maioria das vezes, ele é feito por um parceiro do departamento, mas há situações em que uma série de pessoas estão envolvidas.

Geralmente a equipe envolvida marca uma reunião e repassa, slide a slide (ou folha a folha, no caso de um texto no Word), verificando erros ou validando conceitos. Imagine o tempo que isso consome e a quantidade de chatos que começam a achar pelo em ovo, tornando a reunião ainda mais morosa.

Atualmente, a tecnologia permite ganhar agilidade através da colaboração via Internet (ou rede local). Aplicativos do pacote Office da Microsoft (Excel, Word, Power Point etc) ou de ferramentas on-line como Google Docs e outros possibilitam o compartilhamento de uma apresentação e ainda permitem que cada um faça comentários.

O funcionamento dessas ferramentas é simples: você faz seu relatório no Word e envia a toda equipe. A correção ou sugestão de cada pessoa fica marcada numa determinada cor. Em alguns casos, a colaboração pode ser ao vivo (sim, é possível ver, ouvir e falar com a pessoa que está fazendo a revisão). E o documento ainda volta ao autor para os toques finais. É fantástica a economia de tempo e a facilidade proporcionada por esse tipo de ferramenta.

Consulte a área de TI de sua empresa sobre os recursos de compartilhamento on-line de documentos. Não tenho dúvida de que nos próximos anos esse tipo de abordagem se tornará tão frequente que será impraticável viver sem ela.

É para agregar ou socializar?

Se você recebe o convite para participar de uma reunião e percebe, pelo objetivo e itens da pauta, que não tem nenhuma contribuição a dar, esse é o momento de pular fora. As empresas que estão preocupadas em conscientizar seus funcionários sobre a importância de utilizar bem o tempo, evitando reuniões desnecessárias, começam a aceitar, e até a incentivar, esse tipo de atitude. Reduzir reuniões — esse deve ser seu principal objetivo.

Para reduzir em 30% o número de reuniões de forma rápida e impactante, alguém precisa dar o primeiro passo. Que tal você assumir essa missão? Converse com seus colegas e líderes. Empreste esse livro já com os trechos mais importantes marcados e deixe que eles mesmos analisem o custo que as reuniões geram para a empresa, e as possíveis saídas para o problema. Conheça as situações em que é possível dizer não:

> —Quando é necessário lidar com questões pessoais de algum membro da equipe (o que deve ser feito individualmente, não numa reunião de grupo);
>
> —Quando o planejamento falha, a preparação é insuficiente ou falta dados importantes;
>
> —Quando os assuntos são triviais e podem ser resolvidos de outra forma;
>
> —Quando existe hostilidade, brigas ou agressividade entre as pessoas e é preciso tempo para acalmar os ânimos e iniciar um trabalho em grupo.

É fundamental tentar evitar reuniões desnecessárias. Como boa parte pode ser cancelada sem nenhum prejuízo, agindo assim você tem mais tempo para trabalhar e focar no que é importante. Dê uma olhada em sua agenda para a próxima quinzena e veja que reuniões podem ser desmarcadas. Cancele já! Não espere para se arrepender depois.

CAPÍTULO 3

A TRINDADE NAS REUNIÕES

Uma boa administração de tempo, tanto em termos pessoais quanto corporativos, começa quando a pessoa sabe como o seu tempo está sendo usado, que fatores a fazem perder tempo e que tipo de atividade deveria ser o seu foco. Em meu primeiro livro, elaborei o conceito da "Tríade do Tempo", que ajuda a entender claramente como aplicar o tempo e responde aos questionamentos acima.

O tempo tem uma ligação com o número três em diversos aspectos, dos mais simples — manhã, tarde, noite; horas, minutos, segundos; passado, presente, futuro — até os mais complexos — a relação do número PI, o cálculo de datas e horas em um computador etc.

Na "Tríade do Tempo" existem três áreas que determinam nossas ações naquele período de tempo disponível. Começa com o que é *Importante*, incluindo as atividades com prazo definido e que sempre trazem bons resultados e benefícios, além de serem prazerosas.

A segunda área abrange o que é *Urgente*, compreendendo as atividades em atraso e que precisam ser executadas imediatamente. Nela, a pressão e o estresse são bem maiores do que na primeira, mas isso não impede um bom resultado.

A própria definição das palavras impede que uma tarefa seja importante e urgente simultaneamente. Ou algo é importante ou é urgente, nunca as duas coisas ao mesmo tempo (como a antiga teoria de administração do tempo pregava). Mas é verdade que uma atividade importante pode se transformar em urgente devido à negligência ou à procrastinação.

A última área é a *Circunstancial*, ou área do *Desperdício*. Nela, não existem bons resultados, apenas tarefas cumpridas por obrigação ou por desejo de perder tempo.

Essa mesma classificação pode ser ampliada e aplicada às reuniões de trabalho, que têm as seguintes características.

Tríade	Sintomas	Resultados
Reunião Importante	Marcada com antecedência para que seja possível fazer um bom planejamento, convocar as pessoas certas e definir a pauta de assuntos a serem discutidos.	Para que a reunião atinja o objetivo proposto, e as pessoas sintam que o seu tempo foi bem utilizado, a reunião precisa ter foco e ser bem conduzida. Isso ajuda a equipe a chegar a um consenso nas soluções dos temas discutidos. A reunião ideal é rápida e determina as ações futuras.

Reunião Urgente	Marcada em cima da hora, sem pauta predefinida, a reunião acaba tendo o problema urgente como único assunto. Esse tipo de encontro de última hora geralmente envolve o maior número de pessoas possível para ajudar a encontrar a solução.	Ansiedade e nervosismo dão o tom. O clima desse tipo de reunião é tenso, com muitas pessoas falando ao mesmo tempo sobre assuntos diferentes, o que significa que a maioria acaba sem solução. Os procedimentos e os tipos de ação em geral também não ficam muito claros.
Reunião Circunstancial	Inútil em termos de conteúdo, forma e participação, esse tipo de reunião não agrega valor e acaba sendo uma perda de tempo. Pessoas desnecessárias são convocadas e a pauta de assuntos não existe ou é incoerente.	Como se fala de tudo e sobre tudo, o assunto principal acaba se tornando secundário devido às muitas brincadeiras e atrasos. Sem soluções para os problemas, as pessoas agendam outra reunião para continuar o assunto.

Conseguiu identificar suas reuniões? É provável que tenha os três tipos em sua rotina de trabalho. Essa classificação acontece geralmente nas etapas que antecedem uma reunião, sendo feita algumas vezes inclusive durante a fase de planejamento, que, como veremos, é a primeira etapa de uma reunião bem estruturada.

A Tríade da Reunião tem muito a ver com o estilo de planejamento de quem está convocando a reunião. Pessoas que vivem marcando reuniões urgentes, em cima da hora, são ansiosas e vivem correndo de um lado para o outro, deixando suas equipes "pilhadas". Não é incomum que precisem sair em busca de parceiros para as reuniões que acabaram de marcar.

Pessoas organizadas evitam ao máximo se envolver

em situações *Urgentes*. Para isso, agem de forma preventiva. Suas reuniões são marcadas com antecedência de alguns dias (dois ou três, em média), e a convocação traz um plano detalhado do que será discutido, para que as outras pessoas possam se planejar. Obviamente, nem tudo pode ser previsto e antecipado. Portanto, quando algo inesperado acontece, o profissional com esse perfil toma todas as providências para que a reunião seja rápida, objetiva e pontual.

Já quem trabalha de forma *Circunstancial* convoca reuniões por qualquer motivo. A necessidade de se reunir antes de propor ações é flagrante. Esse tipo de pessoa geralmente tem dificuldade de se concentrar, prefere o ambiente acolhedor de um encontro com os colegas do que a solidão da sua mesa de trabalho e é a primeira a trazer pontos adicionais ao tema da pauta.

Outra característica: não se preocupa com o resultado, e sim com a interação entre as pessoas. Em sua opinião, mesmo que a reunião não produza resultados, o simples fato de reunir as pessoas e obter sinergia já valeu o tempo gasto. A mente desse tipo de profissional não acredita em dieta de reuniões, mas em supernutrição de reuniões.

O objetivo de qualquer pessoa sensata é fazer com que as reuniões permaneçam o máximo possível na esfera da *Importância*, com poucas urgências e nenhuma circunstância especial.

CAPÍTULO 4

PAT – ESTRUTURA E METODOLOGIA DE UMA REUNIÃO

Se você já leu alguma coisa sobre reuniões, deve ter ouvido falar que todas são compostas de três partes: o planejamento, a reunião propriamente dita e o acompanhamento, ou pós-reunião. Portanto, vamos usar esse conceito para trabalhar o que convencionei chamar de PAT (Plan, Act, Track), uma metodologia de fácil aplicação e com resultados comprovados em qualquer tipo de reunião.

Antes de desenvolver o PAT, experimentei diversas teorias e modelos para tornar as reuniões mais eficazes, mas não encontrei nenhum processo estruturado ou suficientemente abrangente.

Todo mundo precisa de métodos. Mesmo a pessoa mais avessa a essa ideia possui um sistema empírico para escovar os dentes, namorar, estudar, dirigir e até para conduzir reuniões. A palavra método vem do grego (*méthodos, met' hodos*), que significa, literalmente, caminho para chegar a um fim.

Para realizar alguma coisa, precisamos ter um roteiro, uma estrutura lógica. Ou seja, para promover boas reuniões é preciso conhecer o método certo e saber como aplicá-lo. O PAT possui uma série de características e técnicas estruturadas para cada uma das etapas — algumas, provavelmente, contrariam o que você já ouviu falar sobre reuniões, mas garanto que os resultados serão satisfatórios.

Nos capítulos 5, 6 e 9, falaremos mais das três etapas do processo PAT. Por ora, vamos apresentar cada uma delas:

> **Planejamento (PLAN)** — Trata-se da fase que antecede a reunião e envolve sua elaboração, logística e infraestrutura, além de convocação de participantes, definição do objetivo e pauta, entre outros. Essa etapa muitas vezes é esquecida e as pessoas passam diretamente para a ação ou para a reunião propriamente dita.
>
> **Ação (ACT)** — É a reunião propriamente dita, o momento da interação entre os participantes para a discussão do assunto. O processo da Tríade se concentra no papel do condutor, que é o principal responsável pelo resultado da reunião.
>
> **Acompanhamento (TRACK)** — É a etapa da finalização e do período pós-reunião, que orienta os participantes na aplicação das ações definidas durante os debates. O acompanhamento garante o cumprimento do que foi decidido.

Pense por um instante nas três etapas acima. Em sua opinião, qual delas é decisiva para que a reunião tenha um bom resultado?

Se você respondeu planejamento ou acompanhamento, errou. Também foi a minha opção, quando comecei. Só depois de aplicar o método em diversas ocasiões e situações diferentes é que percebi que a fase mais importante para que a reunião seja produtiva é a ACT, ou seja, a condução do processo.

Se aplicássemos um percentual de acordo com a importância de cada uma das três fases, ele seria de 40% para planejamento, 50% para condução e 10% para acompanhamento. Sem uma condução eficiente, nem o melhor planejamento do mundo consegue se sustentar. Quando ela é bem dirigida, e os próximos passos definidos com clareza, o acompanhamento acaba se tornando secundário.

Feita a introdução ao modelo PAT de reuniões, vamos ver como aplicar as três fases na prática.

CAPÍTULO 5

PLAN – PLANEJAMENTO: O COMEÇO DE TUDO

Se a reunião não pode ser evitada, então precisa ao menos ser planejada. Infelizmente, esse não é um hábito muito cultivado pela maioria das pessoas. Na verdade, é uma palavra que aterroriza muita gente ou que remete à ideia de coisa chata e sem graça. A boa notícia é que o planejamento de uma reunião é um processo rápido, indolor e recompensador.

A fase de planejamento é responsável por definir, convocar, escolher o tipo da reunião, preparar a logística e estipular os horários. Apesar de fundamental, na prática, ela raramente acontece. Tente lembrar das últimas reuniões que você convocou ou para a qual foi convocado e veja se foram cumpridos os requisitos a seguir:

—Existia um objetivo claro e uma pauta de assuntos a serem discutidos para alcançar esse objetivo?

—Existia um condutor nomeado para liderar o processo da reunião?

—Existia uma previsão de duração adequada para que todos os itens pudessem ser discutidos?

—Os participantes convocados tinham de fato alguma contribuição a dar?

Se você respondeu não às perguntas acima, é provável que o planejamento da reunião fosse inexistente ou, no mínimo, malfeito. Em geral, as convocações são telegráficas: "Reunião de Vendas — 14 às 15h — Sala Xpto"; "Reunião Cliente A — 9 às 11h — Sala ABC" etc. É o que chamo de reunião uma linha: uma única linha serve para convocar, dizer o objetivo, os pontos a serem discutidos, o tempo de duração e tudo mais.

Como as convocações são feitas através de *invites* do Outlook, Lotus Notes ou outro software, repare que apenas os campos "assunto", "local" e "horário" são preenchidos. O campo "detalhes" geralmente é esquecido.

Meu objetivo é que no final desse capítulo você transforme o campo "detalhes" no ator principal de suas convocações, e passe a ser um exemplo a ser seguido e replicado por seus colegas. A ideia é que a "novidade" vire alvo de comentários: "Você viu como fulano (a) manda as convocações de reunião? Que exemplo, dá gosto de aceitar!"

O objetivo da reunião

Quando pergunto o que não pode faltar a uma reunião, muita gente pensa na pauta. Não tenho nada contra fazer uma lista de assuntos, mas uma reunião produtiva não pode se basear apenas nesse recurso.

Ter uma pauta de assuntos não significa que a reunião será bem conduzida nem que alcançará o resultado desejado. Em geral, a relação de temas traz assuntos divergentes, concorrentes e sem lógica sequencial. A pauta muitas vezes está atrelada a diversos objetivos, que acabam sendo superficialmente discutidos e nem sempre resolvidos. Sem um objetivo claro, a pauta é a grande vilã da falta de foco da reunião.

Defendo a tese de que uma reunião não precisa de pauta e sim de objetivo — ou seja, de algum tema ou problema que deve ser concluído e resolvido no final da reunião. É preciso investir no foco e no resultado e evitar a dispersão e a perda de tempo. Na realidade, o objetivo de uma reunião deve responder basicamente a três perguntas-chave:

—O quê? (O que será discutido na reunião especificamente?)

—Como? (Como iremos contribuir para atingir o objetivo proposto?)

—Por quê? (Por que estamos realizando essa reunião?)

Se as três perguntas acima não tiverem respostas claras é melhor repensar se a reunião é realmente necessária. Isso demonstra respeito pelos participantes, além de ser de grande ajuda para a fase seguinte do processo.

Outro ponto fundamental na definição da meta de uma reunião é a objetividade. Quanto mais específico for o objetivo, melhor. As generalizações não funcionam nesse caso. Portanto, nada de "Reunião de Vendas, Reunião de Balancete, Reunião do Projeto X, Reunião da Equipe Técnica ou Reunião Comercial Distrital SC."

Para que você não tenha dúvida de quanto detalhado e específico deve ser o objetivo da reunião, veja os exemplos:

— Reunião de vendas para identificar as causas de perda do market share em 10% e criação do plano de ação para retomada da liderança do setor.

— Reunião para a redução de custos fixos em 10% para o primeiro trimestre deste ano, com foco em contratos desnecessários e redução tributária.

— Reunião sobre o site, com foco na elaboração de uma proposta para a criação de um novo site institucional, além de análise dos pontos fracos do atual e sugestões para um novo portfolio de serviços.

— Reunião para apresentação da proposta de treinamento da Triad Consulting, cujo objetivo é aumentar a produtividade da equipe gerencial e melhorar o indicador de qualidade de vida após pesquisa de clima.

— Reunião do projeto de implantação do SAP para apresentação e aprovação do plano de contas importado do sistema anterior e demonstração de uso.

Quanto mais detalhado o objetivo, maior a chance de sucesso na reunião. Afinal, todos terão na mente o que realmente será atingido quando a reunião tiver terminado.

Sobre o número de objetivos que podem ser discutidos por reunião, fiz várias experiências e cheguei à conclusão de que devem ser discutidos no máximo dois por reunião de duas horas de duração. Já saí frustrado de reuniões com mais de dois objetivos, pois para cada um definido existe uma série de pontos a serem discutidos. Raras são as reuniões que conseguem ser produtivas tendo mais de dois objetivos. A regra, nesse caso, é quanto menos, melhor.

Pontos a serem discutidos

Agora que definimos o objetivo, podemos passar aos pontos a serem discutidos para que a meta seja alcançada. É importante frisar que todos os itens da fase de planejamento derivam do objetivo da reunião. Ou seja, sem planejamento não há reunião. A pauta inclusive segue essa regra, caso contrário fica solta e sem um resultado final.

Os temas da pauta devem ser divididos em subitens. Novamente: tente ser o mais específico possível, pois itens genéricos levam à dispersão e, por tabela, à ausência de resultados.

Outra dica importante: organize a discussão de forma lógica. Quando não for possível, abra os debates com os itens mais fáceis de serem resolvidos, deixando por último os de maior complexidade. Isso pode ir contra a crença tradicional, mas na prática funciona muito bem.

Esse conceito será tratado mais adiante, junto com o tema condução de reuniões. Por enquanto, o importante é saber que funciona.

Por fim, é preciso definir um tempo para a discussão de cada item. A ideia é fazer uma estimativa realista, embora seja muito comum ter que revisar essa parte do processo ao longo do próprio evento.

Para evitar esse tipo de situação, é melhor apostar na abundância. Se você acha que um item levará 15 minutos, reserve 20 minutos, pois isso dá uma margem de negociação e permite contrabalançar com os temas que excederem o tempo previsto. A previsão bem-feita ajuda o condutor a manter o foco e a controlar a duração da reunião.

A convocação de uma reunião com objetivo e pontos de discussão definidos deve seguir o seguinte modelo:

Reunião: Nova metodologia de vendas da empresa

Participantes: Nomes

Condutor: João

Objetivo: Determinar os próximos passos da implantação no CRM e revisar o resultado do novo modelo de vendas com base no processo de vendas consultivas de clientes acima de R$ 200 mil de faturamento/mês.

Pontos a serem discutidos:

1. Apresentação do resultado do primeiro mês com o novo modelo – 10 minutos;

2. Revisão do modelo de vendas consultivas – 30 minutos;

3. Feedback da equipe comercial e dúvidas – 30 minutos;

4. Definição dos passos para processo de vendas no CRM – 40 minutos;

O tipo de reunião

Nas últimas décadas, as reuniões não apenas se tornaram complexas como ganharam diversas modalidades (ou meios de realização).

É na fase de planejamento que o condutor decide o tipo de reunião que será realizada. O tradicional é o mais comum (90% dos casos), mas vale a pena conhecer as outras modalidades existentes e que tipo de situação justifica o seu uso.

Tradicional – O tipo de reunião que existe desde antes de Cristo, no qual um grupo de pessoas se reúne frente a frente;

Virtual – Realizada através da Internet, com ferramentas de chat ou softwares de comunicação instantânea, como Messenger, Same Time, Pandium etc;

Audioconferência – Realizada por meio de dispositivos de áudio, com hardwares específicos, telefones com viva voz, soluções de VOIP e softwares como Skype;

Videoconferência – Integrando áudio e vídeo, esse tipo de reunião usa hardwares especiais ou simples câmeras em notebooks através da Internet ou redes privativas (Cisco, Avaya, Webex, Neotriad, GoToMeeting etc.);

Ambiental – Feita em um ambiente específico, esse tipo de reunião ganhou popularidade graças ao Google, que montou salas de reunião com pufes, mesas de pebolim (futebol totó), videogames etc. Algumas agências de publicidade aderiram à moda e criaram suas próprias salas de criatividade. Nessa categoria estão incluídas ainda encontros externos, na praia ou ao redor de uma fogueira (já conduzi uma reunião de diretoria que alguém teve a "brilhante" ideia de fazer ao redor de uma fogueira às 18h). Um cliente da área de distribuição de bebidas montou uma sala de reunião em forma de bar. Mas conversar ao redor de mesas altas, com os participantes de pé, também é uma opção.

Telepresença – Essa modalidade lembra o cotidiano futurista dos Jetsons ou de filmes como *Jornada nas* *estrelas*, pois você ouve e vê as pessoas holograficamente. É impressionante. Empresas como a Cisco e a Avaya estão avançando muito nessa área. Esse é um dos raros casos em que vale a pena perder tempo discutindo que gosto tem o chuchu.

Na tabela comparativa, confira as vantagens, desvantagens e recomendações para os quatro tipos de reuniões mais comuns no cotidiano das empresas.

	Tradicional	**Virtual**	**Videoconferência**	**Ambiental**
VANTAGENS	Interação, debate amplo e irrestrito e não exige grandes recursos.	Rapidez na tomada de decisão, facilidade de documentação do histórico e sem custos adicionais.	Redução de custos e vantagens similares à reunião tradicional.	Encontros informais, breves e criativos para buscar soluções ou para quebrar paradigmas.
DESVANTAGENS	Custo alto, número excessivo, falta de metodologia e muita conversa paralela.	Não é adequada para discutir assuntos complexos, são comuns os problemas de comunicação e dificuldade de manter o foco.	Alto custo de implantação, necessidade de treinamento para condução e possíveis problemas de infraestrutura.	Necessidade de reservar ambiente especial e risco de dispersão.
IDEAL	Até 120 minutos, qualquer tipo de discussão.	Até 20 minutos, discussão pontual de um objetivo com necessidade de aprovação fácil (perguntas do tipo Sim/Não).	Até 90 minutos e com poucos participantes.	Até 60 minutos ou até 20 minutos para reuniões em pé, reuniões de criatividade ou que exijam decisões rápidas.

Vale ressaltar que o tipo de reunião não pressupõe seu sucesso. Não é porque a reunião é virtual que ela será melhor ou pior. A verdade é que sem a aplicação da metodologia adequada, são grandes as chances da reunião apresentar poucos resultados.

Visitei uma empresa de marketing e propaganda que tinha um alto índice de reuniões desnecessárias e, por isso, estava interessada em nosso programa de reuniões. Depois de alguns minutos na sala de espera, fomos levados para a sala de reuniões principal, um espaço de pelo menos 20 m^2, com paredes de vidro e localizada bem no centro da empresa. Aquilo parecia um aquário e não uma sala de reuniões. Senti-me como um peixe no parque da Sea World.

Espalhadas pela mesa havia uma série de canetas coloridas e diversos rabiscos no vidro, além de uma tela retrátil para projeção do data show. A mesa e as cadeiras eram os únicos objetos convencionais.

Em vários momentos durante a reunião percebi que tinha perdido a concentração, pois me flagrava observando as pessoas que passavam ou faziam graça pelo vidro. Era difícil manter o foco naquele ambiente. Não consigo imaginar o que acontece quando a reunião é mais complexa.

Perguntei para a gerente de RH qual era o conceito por trás daquela sala e ela disse que o objetivo do diretor era criar uma sala diferente, divertida, onde as pessoas pudessem ser criativas e até escrever nas paredes se quisessem.

Em minha opinião, a sala deveria se chamar sala da improdutividade. A ambientação era forte demais e isso fazia com que as pessoas perdessem o foco com frequência. Alguns meses depois, o diretor saiu da empresa e a sala foi reformada.

Este é apenas um exemplo de como as pessoas podem ser criativas na tentativa de criar reuniões melhores e mais descontraídas. Em alguns casos, o resultado é positivo, caso das salas de descompressão (onde a equipe pode relaxar durante a reunião) do Google e de algumas outras empresas.

Inovar é legal, mas é preciso ter cuidado com os exageros, que podem se tornar ladrões da produtividade.

Como definir os participantes?

Na hora de planejar uma reunião, lembre-se de que quem gosta de público é palestrante ou artista. Caso você não se encaixe em nenhuma dessas opções, quanto mais curta for a reunião, maior a chance de obter bons resultados e de manter o controle do processo.

Não convide ninguém apenas para ter quorum. Para evitar constrangimentos e perda de tempo, faça a si mesmo as três perguntas abaixo antes de convidar alguém para uma reunião:

1. O participante pode decidir influenciar no direcionamento do objetivo da reunião?
2. O participante conhece o assunto? Tem alguma contribuição a dar?

3. O participante terá responsabilidade na aplicação das decisões?

Se a pessoa que você está convidando não se enquadrar nas questões acima, deve ser excluída da reunião. Há, no entanto, um participante que não pode faltar — o condutor. Diferentemente de muitos modelos de reunião que você possa ter visto, o papel do condutor não é o de mero controlador do tempo, nem de responsável pelo registro do que foi discutido e decidido ou de coordenador da pauta. O foco da reunião depende da eficiência do condutor.

Não esqueça de fazer a convocação da reunião através da ferramenta adequada, em vez de mandar um e-mail normal. Quando você usa o recurso "reunião" de seu software (Outlook, Notes ou qualquer outro) e a pessoa aceita o convite, o programa automaticamente inclui o compromisso na agenda pessoal, o que facilita a confirmação de disponibilidade.

Algumas empresas são tão viciadas em reuniões que os profissionais precisam bloquear as suas agendas com compromissos falsos para evitar o agendamento automático de reuniões. Essa tendência do "falso ocupado" só diminuirá quando as pessoas adotarem o hábito de convocar reuniões com objetivos e focos definidos. É preciso que elas saibam que só serão convocadas quando realmente for necessário.

Respeitar o tempo dos colegas é essencial. Se a pessoa já tiver compromisso na data que você marcar, tente reagendar, mas não esqueça de se questionar se o cancelamento foi motivado porque a pessoa acha que nada tem a agregar ao objetivo da reunião ou porque o objetivo da reunião não está suficientemente claro.

A logística da reunião

A última parte do planejamento envolve questões práticas relacionadas diretamente à organização da reunião: sala, material, equipamentos, reservas etc. É a parte mais burocrática, mas não menos importante.

Em geral, a logística de uma reunião é simples e consiste basicamente em vencer a batalha da ocupação das salas de reunião e preparar o material que será apresentado. Se esse for o seu caso, e na maioria das reuniões será, uma última recomendação importante: assim que agendar o encontro, reserve horário em sua agenda, uns dois dias antes do evento, para tomar as providências finais.

Algumas reuniões são mais complexas, pois envolvem reserva de hotéis, de transporte e de alimentação, além de aluguel de material de audiovisual, entre outros recursos. Nesse caso, para evitar imprevistos e urgências, sugiro que prepare uma lista de afazeres e a respectiva distribuição de tarefas no mesmo momento em que estiver definindo a pauta e os objetivos da reunião.

Caso utilize ferramentas tradicionais, tais como caderno ou agenda de papel, recomendo imprimir a lista de tarefas e mantê-las anexadas à sua agenda para facilitar o checklist. Veja o modelo a seguir.

Ação	Data	Responsável
Cotação do hotel para reunião de vendas	01.05.09	Andressa
Alugar, ou reservar, equipamentos (projetos, notebook, tela, *flipchart* etc.)	05.05.09	Carlos
Verificar slides da reunião com equipe de marketing	10.05.09	Maria
Imprimir cinco cópias dos slides para reunião	12.05.09	Maria
Checar disponibilidade de transporte para equipe	12.05.09	Maria
Follow-up final da reunião	15.05.09	Andressa

Preparação evita desperdício

No caso de reuniões em que o participante deve realizar algum tipo de trabalho prévio, é melhor incluir uma observação no ato da convocação para lembrar as tarefas de cada um. Seja detalhista ao especificar o que deve ser feito e deixe seu contato para que as pessoas possam procurá-lo em caso de dúvida.

Essa é uma parte opcional do planejamento de reuniões, pois a contribuição prévia nem sempre é necessária. Costumo recomendar esse tipo de abordagem para melhorar alguns tipos de reunião:

> **Reunião com foco informativo** — Se o objetivo básico é comunicar novos procedimentos ou normas, envie as informações com antecedência e transforme a reunião em um resumo das coisas mais

importantes, com espaço apenas para tirar dúvidas e discutir a forma de aplicação.

Reunião de vendas — A mais típica das reuniões empresariais, ela geralmente reúne toda a equipe e faz com que cada vendedor fale sobre seus clientes, seus problemas e seus planos para a semana seguinte. Para ser ágil e evitar a ansiedade dos vendedores à espera de sua vez de falar, peça que todos enviem previamente por e-mail os problemas que precisam ser resolvidos, as dúvidas, melhores práticas a serem compartilhadas etc. Isso permite que o condutor filtre o que deve ser discutido em grupo e o que deve ser abordado de modo individual.

Reunião de trabalho — Se o propósito da reunião é realizar algum tipo de trabalho, é essencial que os participantes tragam a lição de casa pronta.

Reunião de projeto — Dependendo da fase do projeto, as pendências podem ser resolvidas previamente pelos participantes. Exemplo: lista de requisitos, índice de dificuldade de execução das tarefas, sugestão de readequação de cronograma etc.

Sempre que for possível, peça aos participantes para realizarem tarefas prévias. O ideal é que a solicitação não seja feita em cima da hora, e sim com o máximo de antecedência possível (quatro ou cinco dias antes da reunião).

CAPÍTULO 6

ACT – O MAIS IMPORTANTE: A CONDUÇÃO

As reuniões corporativas atualmente não passam de replays das reuniões de trabalho que fazíamos na escola primária e secundária. A professora passava um trabalho em grupo, alguém tomava a frente para escolher os amigos e formar o grupo e já reservava a sala de casa para fazer a reunião.

Se a sua memória não falhar, você vai lembrar que as reuniões sempre começavam com uma sessão de brincadeiras, fofocas e piadas. Só depois de um tempo é que alguém, em geral a criança mais despachada, lembrava que aquele encontro tinha um objetivo. Então cada um começava a participar de acordo com seus talentos. As pessoas falavam, davam sugestões e ideias sobre o que devia ser feito, e assim por diante. No final do dia, era comum chegarem à conclusão de que seria necessário marcar outro encontro para finalizar o trabalho.

Qualquer semelhança com as reuniões que você organiza ou participa na empresa em que trabalha não é mera coincidência. A verdade é que repetimos, de forma aprimorada, os modelos que aprendemos na infância e isso não é bom. É preciso evoluir.

A metáfora do barco à vela

Se alguém lhe perguntar o que uma reunião e um barco à vela têm em comum, responda rápido: ambos precisam de direção. No caso da reunião, a orientação se dá através de sua condução. No barco à vela, ela é feita através do leme, uma peça ligada ao casco e presa no painel de popa. É mudando a posição do leme que alteramos o rumo da embarcação, ora para bombordo, se o leme for deslocado para a esquerda, ora para estibordo, se para a direita. Se não tivesse leme, o barco ficaria vagando sem rumo ou se movimentaria no sentido do vento predominante.

Muitas reuniões são como um barco à vela à deriva, com as pessoas sendo levadas para onde os ventos sopram com mais força, sem direção ou rota definida.

Para que uma reunião traga bons resultados, ela precisa que o seu leme seja definido na fase anterior (PLAN). Simbolicamente, o leme equivale à fase de ação ou da condução (ACT) da reunião, que precisa ser direcionada na direção do resultado pré-estipulado.

Condução formal ou informal?

A maioria das reuniões empresariais não tem uma condução formal, são apenas conversas desestruturadas e informais, daí o fraco desempenho obtido. De acordo com as estatísticas, apenas um terço das reuniões tem resultados efetivos.

Para mudar os resultados das suas reuniões, você precisa aplicar um modelo bem-sucedido de condução. É por isso que no começo deste livro eu afirmei que a condução era a parte mais importante de uma reunião. Por mais primoroso que seja o trabalho de planejamento, sem a condução adequada, o resultado será insatisfatório. Com um planejamento mediano, um bom condutor pode chegar a um acordo com a equipe e conseguir um grande resultado.

O processo de condução de uma reunião pressupõe um condutor capacitado a guiar os participantes nas discussões das ideias e no compartilhamento de experiências. Ele precisa também ser atuante para conseguir o consenso na hora de decidir as ações que serão implementadas para atingir a meta e na definição do plano de trabalho. A fase ACT torna as reuniões mais ágeis, práticas e rápidas.

Depois de ler os próximos capítulos, conte aos seus colegas de trabalho que está lendo um livro sobre reuniões de resultado e candidate-se ao cargo de condutor da próxima reunião. O resultado será positivo, não tenha dúvida. Mesmo que sua estreia não seja perfeita, de alguma forma ela mostrará um novo conceito e um novo modelo de reunião para ser desenvolvido na empresa. Como as mudanças são imediatas e visíveis logo nas primeiras aplicações, as pessoas não conseguem mais voltar ao antigo padrão de reunião.

O condutor é o líder

Diferentemente de outros métodos de condução de reuniões, o modelo Triad dispensa a batelada de papéis distribuídos no começo da reunião para controlar desde o tempo de exposição de cada pessoa até as sugestões e ações. O condutor tem a opção de distribuir as responsabilidades, mas o modelo Triad permite que uma única pessoa controle todos os aspectos da reunião.

Costumo chamar a pessoa que "conduz" ou "lidera" a reunião de condutor. Muita gente pergunta por que não utilizei o termo "facilitador", pois muito do perfil e das atitudes do condutor são similares ao papel da pessoa responsável por ministrar treinamentos (inclusive virtuais) e coordenar processos de planejamento estratégico e dinâmicas de grupo, entre muitas outras atribuições. Quem tem experiência em facilitação pode estranhar, mas optei pelo termo condutor de reuniões porque o considero um tipo específico de facilitador.

Derivado parcialmente do francês antigo *faculte* e do latim *facultás* ou *facilitás* — ambos têm origem no latim *faciilis*, que significa fácil, um adjetivo formado do verbo *facere*, ou fazer. Na prática, o facilitador é uma pessoa neutra que torna os processos mais simples. Ou seja, ele facilita o que precisa ser feito, combinando a dimensão de habilitar e investir de poder (*empower*) alguns modelos e comportamentos de grupo.

Para não entrar em polêmicas semânticas, defini o condutor de reunião como a pessoa que facilita e direciona o processo de discussão de um grupo durante uma reunião com o objetivo de obter o resultado planejado. É, portanto, um tipo bem específico de facilitador.

Cheguei a utilizar o termo "líder de reunião", mas muitas pessoas associavam o cargo ao seu superior hierárquico, o que não é obrigatório. Como veremos mais adiante, o condutor não é um cargo ligado ao nível hierárquico.

O perfil do condutor

Infelizmente, nem todo mundo tem perfil para se tornar um condutor de reuniões profissional. Algumas pessoas simplesmente não têm certas aptidões, como, por exemplo, ser um ouvinte ativo. Mas já acompanhei casos em que a persistência e a determinação conseguiram grandes avanços.

Esse é o motivo por que o condutor não tem nada a ver com a hierarquia dos participantes da reunião. De fato, o que importa é o perfil. O problema é que os chefes precisam entender esse critério e abrir mão da condução para a pessoa mais adequada. Conheça as principais características de um bom condutor de reuniões:

Assertividade — Um condutor assertivo precisa falar com segurança e acima de tudo ter postura. Ele deve conduzir, não ser conduzido. Mas não esqueça que ser firme não significa ser grosseiro ou agressivo, apenas direto e objetivo no que diz.

Comunicação — As principais qualidades de um condutor comunicativo são a fluência e a clareza no falar. Um gago certamente terá mais dificuldade para se fazer entender, mas isso não inviabiliza sua atuação como condutor.

Objetividade — O condutor precisa ter facilidade de concentração para manter o foco e o objetivo da reunião mesmo quando as pessoas se dispersam. E não pode ser prolixo, sob pena de prejudicar a reunião.

Atenção — Existem pessoas que não conseguem passar cinco minutos sem fazer algum tipo de comentário, que falam mais do que escutam, e um bom condutor precisa estar atento, concentrado em seus objetivos. Em geral ele escuta, confirma e depois escuta de novo. Se você é ansioso e costuma interromper as pessoas para completar suas frases e pensamentos, esqueça o cargo.

Tranquilidade — Ser calmo é uma qualidade essencial ao condutor. Como líder, ele não pode se dar ao luxo de perder o controle emocional, pois perderá também o controle da reunião. Podem surgir situações tensas durante o processo de condução e uma pessoa mais emotiva e agressiva pode não resistir ao nervosismo e colocar tudo a perder.

Respeito incondicional — O condutor respeita todas as opiniões e ideias, por mais absurdas que possam parecer e não faz julgamento de valor. Isso ajuda a construir uma imagem de credibilidade, bem como o clima de cortesia entre a equipe.

Bom humor — Ter bom humor é fundamental e não tem nada a ver com contar piadas e gostar de aparecer. O trabalho de condução não busca o palco e sim a manutenção de um clima agradável e empático entre as pessoas, mesmo quando o tema da reunião é difícil ou desagradável.

Pensamento direcionado à ação — Não encontrei uma palavra que resumisse essa ideia, mas o importante é que o condutor tenha o dom da iniciativa, bem como um raciocínio rápido, capaz de sintetizar e transformar ideias em ações e acordos que promovam soluções para as questões discutidas na reunião.

Obviamente, existem várias outras características que um bom condutor deveria ter, mas as listadas são as que fazem a diferença na condução da reunião. Se você não tiver alguma destas competências, não precisa se desesperar – conhecimentos e habilidade podem ser ensinados e replicados.

Mesmo quem não é naturalmente talentoso como condutor de reuniões pode desenvolver suas aptidões conforme aplica o método. Basta investir na transformação de suas fraquezas em pontos fortes. Se não conseguir, tente ao menos neutralizá-las para que não atrapalhem seu desempenho. Para se tornar um bom condutor é fundamental persistir e saber pedir feedback para a equipe.

Princípios-chave da condução

Um condutor eficaz precisa ter em mente os três princípios que fazem a condução atender aos objetivos planejados: resultados, métodos e pessoas. A metodologia de condução eficaz funciona como a rede de proteção do equilibrista de circo. Em suma, ela ajuda o condutor a conquistar o resultado esperado. No capítulo 7, você vai conhecer as melhores técnicas para lidar com diferentes tipos de reunião.

O condutor precisa estar permanentemente atento aos seus objetivos. Se achar necessário, pode inclusive mantê-los à vista durante a reunião, em cartazes, *flipcharts* ou mesmo na tela do computador. Esses recursos ajudam não só o condutor a manter o foco e a meta que precisa atingir, como todos os participantes da reunião.

O último princípio envolve as pessoas e os relacionamentos que se desenvolvem durante a reunião. Ao aplicar o método, o condutor estimula a sinergia entre os participantes e assim direciona esses relacionamentos para a busca dos objetivos.

Quando estiver à frente de uma reunião, não esqueça dos três princípios-chave, pois são eles que mantêm o foco de sua atuação e ajudam a lembrar o papel que precisa desempenhar naquele momento. Um não pode viver sem o outro. Sem método, o resultado não acontece, e sem pessoas se relacionando de forma produtiva e sinérgica, não há método que resolva. Igualmente, sem a presença de um condutor para manter esse equilíbrio, a reunião não produz bons resultados.

A aplicação dessa metodologia permite que a escolha do condutor seja independente do assunto a ser discutido. Na prática, isso significa que é possível conduzir diferentes tipos de reunião, mesmo não conhecendo nada sobre o assunto-alvo. O importante não é o assunto, e sim a utilização prática dos fundamentos.

Eu mesmo já tive a oportunidade de conduzir reuniões em áreas totalmente diversas. Desde a definição de um produto farmacêutico até projetos de construção civil, de governo, planejamentos estratégicos de todo tipo de empresa e até uma inusitada reunião com uma equipe de estilistas e designers de moda para a definição de uma coleção. Essa realmente foi diferente.

No capítulo 7, você vai conhecer o passo a passo de uma condução eficiente e também algumas técnicas de aplicação imediata. Vamos partir do pressuposto de que você (o condutor) já está com o planejamento pronto e a logística resolvida — os dois passos que antecedem a condução propriamente dita.

CAPÍTULO 7

A TRÍADE DA CONDUÇÃO DE REUNIÕES

Agora que você está ciente da importância e do papel do condutor, chegou a hora de colocar a mão na massa e fazer a reunião fluir através de sua condução. Um princípio essencial que demorei a aprender é que toda reunião possui três momentos distintos (a reunião é uma tríade!): a abertura, a discussão e o encerramento.

É irrelevante se é um bate-papo informal ou uma reunião com a participação de dez pessoas – esses três passos sempre acontecem. Quando pulamos um deles, abrimos uma brecha para que a reunião não seja tão bem-sucedida. Uma boa reunião começa com um condutor bem preparado, que tenha pleno domínio dos principais conceitos-chave, como podemos destacar a seguir.

Revisar a fase de planejamento

Se você está convocando a reunião, é provável que

tenha feito a lição de casa, como prevê a fase anterior, e conheça em detalhes os objetivos e os pontos a serem discutidos na reunião. Caso não tenha participado da organização da reunião e seu papel seja apenas o de conduzi-la, é essencial revisar cada passo previsto no planejamento e ter em mente esses itens.

Uma dica: costumo apresentar esses pontos num slide e deixá-los à vista, ou escrevê-los em letras grandes no *flip-chart* ou no quadro branco que fica à frente de todos. Não deixe de fazer isso, pois ter o objetivo sempre visível ajuda muito o processo de condução.

Estabelecer *rapport*

A interação entre as pessoas ocorre muitas vezes em um nível inconsciente. *Rapport* é uma forma de interação que demonstra conhecimento e interesse pelo outro, de forma a estabelecer um bom relacionamento. A Programação Neurolinguística possui diversas técnicas para a criação desse tipo de relação. O especialista Joseph O´Connor define as três formas de se construir *rapport*:

a) Ter interesse genuíno pela outra pessoa;
b) Ter curiosidade sobre o outro e como ele pensa;
c) Ver o mundo a partir do ponto de vista do outro.

Um bom condutor de reuniões faz uso do *rapport* para construir relacionamentos que gerem os resultados esperados durante a reunião. Este assunto é tão extenso e interessante que decidi resumir as principais ideias e elementos do *rapport* para que você possa aplicar em seu dia a dia.

1. Adapte-se ao ambiente

Certa vez fui contratado para conduzir a reunião de diretoria de uma grande multinacional no setor de alimentos. O objetivo era a revisão de alguns indicadores estratégicos. Como não conhecia bem a empresa, achei que era melhor ir vestido de terno e gravata, o que revelou ser um erro e exemplo de como quebrar o *rapport*.

Ao chegar à empresa, encontrei todos à vontade, do presidente aos diretores. A maioria vestia calça jeans e alguns estavam até de camisa pólo. Todos me olharam com curiosidade e logo me tornei foco de algumas piadas em conversas paralelas. Senti-me, literalmente, um estranho no ninho. Como estabelecer um bom relacionamento sendo "tão diferente deles"?

No primeiro intervalo, tirei a gravata, arregacei as mangas da camisa e recomecei a reunião. A mudança fez aumentar a empatia com o grupo, parecia até uma nova reunião. Comecei a sentir menos resistência, mais colaboração e até apoio para definir os cortes necessários.

Se você está escalado para conduzir uma reunião e não é familiarizado com os hábitos da empresa, descubra qual é o *dress code*, isso mesmo, o tipo de roupa que está previsto para o evento. Não tente ser diferente ou se destacar. Não funciona.

Quando a reunião é no seu próprio ambiente de

trabalho, não é um problema, mas se for em algum ambiente externo, procure se aproximar dos participantes, começando pela forma de vestir. Muitas pessoas dizem que a primeira impressão é a que marca. É verdade, mas você pode mudar!

2. Identifique-se com o outro

Criar *rapport* em nível comportamental significa igualar sua voz, linguagem e movimentos com os das outras pessoas. Não estou dizendo para agir como um robô ou como um ator, e sim sugerindo que crie uma maneira de se identificar com o outro, sem perder suas próprias características.

Costumo modular minha voz, pois falo muito rápido e isso causa estranheza em palestras e cursos. Se mantiver minha velocidade habitual durante a condução de uma reunião, não consigo evoluir. Por isso, aprendi a falar de um modo mais pausado, que entre no ritmo das pessoas. Isso demonstra respeito ao mundo do outro, sem imposição da sua forma de pensar e agir.

Para aperfeiçoar a técnica de condução de reuniões, ou mesmo para melhorar os seus relacionamentos, recomendo que estude o tema *rapport* a fundo. Existem diversos livros, cursos e sites sobre o assunto.

3. Posicione-se corretamente na sala

Essa dica pode parecer banal, mas faz muita diferença para quem vai conduzir a reunião, principalmente no que diz respeito ao controle do grupo. Prefiro conduzir as reuniões de pé, pois isso me ajuda a controlar as conversas paralelas e facilita o registro das ideias que vão surgindo. Também me proporciona agilidade quando preciso me aproximar do *flipchart* para chamar a atenção sobre o objetivo e trazer a conversa novamente para o foco.

A posição do condutor na sala faz muita diferença. A regra geral é ficar em um ponto central, de forma que consiga se movimentar com facilidade e ser ouvido e visto sem dificuldade por todos. O problema é que geralmente as salas de reunião das empresas têm apenas uma mesa tradicional cercada por cadeiras e quase nenhum espaço sobrando.

Nesse caso, ficar em pé num ponto central pode ser uma tarefa complicada e o jeito é se posicionar na extremidade da mesa, em algum ponto próximo do projetor, do *flipchart* ou do quadro branco. Esse posicionamento permite ver todos os participantes, manter contato visual com cada um (essencial, por exemplo, para interromper uma conversa paralela) e centralizar o registro das ideias e dos objetivos.

Dependendo do tamanho da reunião, é possível mudar a posição das cadeiras. O melhor formato para as reuniões de médio porte (acima de 12 participantes) é o "U", pois ele permite que o condutor tenha total controle da situação. Já as salas em formato de espinha de peixe ou escolar são mais adequadas para reuniões de grande porte, assim como as formações circulares (mesas redondas com oito pessoas ao redor) são excelentes para trabalhos em equipe, embora não funcionem muito bem para reuniões tradicionais, pois aumentam muito a chance de perda de foco e as conversas paralelas.

Certa vez participei de uma reunião de vendas em um hotel fazenda no interior de São Paulo. Cheguei cerca de duas horas antes da reunião e encontrei a sala arrumada para 18 pessoas, embora fôssemos 22. O espaço era tão apertado que eu encostaria na parede se ficasse de pé. Optei por ficar sentado numa cadeira no canto da mesa, mas não deu certo. Quando eu falava, as pessoas me ignoravam, pois algumas não conseguiam nem me ouvir, e obviamente eu não conseguia registrar as ideias de forma adequada.

Passados 30 minutos, propus ao diretor que procurássemos um ambiente mais favorável e ele sugeriu fazer ao ar livre. O clima entre as pessoas mudou. Foi como se outra reunião tivesse começado. Sentamos no campo de futebol em forma circular, com o *flipchart* na frente. Junto com o diretor, consegui conduzir a reunião de maneira bastante produtiva. Resumindo: posicionamento faz toda a diferença!

4. Registre ideias e ações

Um item que não pode faltar a um condutor é um recurso para registrar as principais ideias da reunião e as ações sugeridas, de forma que seja fácil de utilizar e que deixe o objetivo anotado e à vista. Não começo nenhuma reunião sem ter algum recurso desse tipo em mãos.

Pode ser um *flipchart*, um quadro branco, um notebook, um projetor ou mesmo um simples bloco (nesse caso, não esqueça de levar uma folha impressa com o objetivo e os pontos de discussão para pendurar num ponto bem visível da sala). O importante é que a ferramenta cumpra a função básica de deixar bem à vista e visível para todo mundo os objetivos e os temas da pauta.

Em pequenas reuniões, um notebook é mais do que suficiente. Uma dica: deixe a apresentação aberta na página do objetivo e mantenha o outro slide em branco para ir registrando as ideias e ações conforme elas forem sendo sugeridas.

Mas se você gosta de tecnologia, sugiro que experimente a ferramenta desenvolvida pelo inglês Tony Buzan, para registrar ideias surgidas em reuniões através de Mapas Mentais. É a minha preferida para grupos pequenos.

5. Use um cronômetro

Tão importante quanto a ferramenta para registrar ideias e ações é ter um cronômetro grande instalado no centro da mesa para registrar o tempo da reunião. O tradicional relógio de parede não é suficiente. Um cronômetro regressivo é a melhor opção, pois quando as pessoas veem a contagem regressiva, tornam-se mais objetivas. Acompanhar a passagem do tempo no relógio convencional não dá a mesma percepção de tempo limitado que dá o cronômetro.

Os três passos do processo de condução

1. Abertura

Se eu soubesse o impacto positivo que uma boa abertura provoca, teria com certeza gasto muitas horas a menos com reuniões improdutivas. Nunca imaginei que investir cinco minutos num bom discurso de abertura faria tanta diferença no resultado final. Confesso ter sido negligente nesse aspecto, mas aprendi a lição e hoje valorizo e planejo com muito cuidado a abertura de cada reunião que conduzo. Não tenho dúvida de que ela pode salvar uma reunião, mesmo quando há um planejamento ruim.

A abertura é o momento em que o condutor explica o seu papel para os presentes e alinha o processo da reunião. Se estiver à frente de uma reunião na sua empresa, esse momento serve principalmente para esclarecer seus objetivos e expectativas.

O primeiro ponto a ser tratado é a pontualidade. Na verdade, essa é uma das questões mais negligenciadas na maior parte das empresas e órgãos governamentais. Parece que ninguém mais se preocupa em chegar na hora marcada para o início de uma reunião. O pior é que esse comportamento é incentivado sempre que a reunião começa atrasada por culpa de alguém "que está chegando". Ninguém se sente constrangido por chegar atrasado.

O presidente de uma indústria em São Paulo, que por razões óbvias vou manter no anonimato, encomendou à diretora de RH um plano para melhoria das reuniões. Na primeira reunião que tivemos, ela reclamou diversas vezes do problema de pontualidade, disse que tinha se tornado um hábito generalizado na empresa e pediu que tomássemos providências.

Percebi como as coisas funcionavam logo na primeira reunião que conduzi. Estavam convocados o presidente e os diretores de vendas e marketing, além de nove pessoas do departamento comercial. A reunião estava marcada para começar às 15h e terminar às 17h. Quando faltavam cinco minutos para o seu início, quase todo mundo tinha chegado, com exceção do diretor de marketing e do presidente. Quando o relógio marcou 15h, fui para o centro da sala e comecei a me apresentar e a fazer o discurso de abertura, já citando o objetivo daquela reunião. Fui interrompido por uma executiva que pediu que aguardássemos pelo diretor e pelo presidente.

Educadamente, retruquei perguntando por que deveria punir as pessoas que chegaram na hora e beneficiar os atrasados. Ela disse: "Mas é o presidente! Você é quem sabe. Eu avisei."

Todo mundo me olhou com cara de espanto, pois acho que nunca uma reunião havia começado no horário naquela empresa. No fundo, gostaram da atitude e concordaram, com a decisão, mas queriam ver o circo pegar fogo. Retomei o discurso, tomando cuidado para que os tópicos que necessitavam da presença de um dos dois fossem postergados, de forma a não prejudicar a reunião.

Vinte minutos após o início, o presidente chegou.

Depois de dar uma olhada geral, sentou-se silenciosamente e começou a interagir como se nada tivesse acontecido. Todos se entreolharam, mas fingiram que nada havia acontecido. O diretor não apareceu.

No fechamento, o presidente pediu a palavra e falou sobre a necessidade de mudar a cultura de impontualidade na empresa. Foi um marco que repercutiu em todos os departamentos e ajudou a mudar esse péssimo hábito.

1.1 Reforce o papel do condutor

Aproveite a abertura para definir o papel do condutor e sua função na reunião. Quando o método estiver implantado na empresa, não será necessário repassar esse item, mas no começo, ou quando estiver conduzindo uma reunião profissionalmente, é bom relembrar seus fundamentos.

Dependendo do grupo (principalmente os que têm conflitos sérios a resolver), vale a pena reforçar o discurso e detalhar como será conduzida a reunião para que ela aconteça de forma produtiva. Algumas dicas:

— Trabalhar de forma integrada e não individualizada. Na reunião, o importante é o coletivo, não o individual.

— Ser um ouvinte ativo. Ou seja, esforçar-se para compreender o ponto de vista da outra pessoa, sem interrompê-la ou criticá-la. O que não significa que você seja obrigado a concordar, apenas respeitar.

—Conversas paralelas não são bem-vindas e serão cortadas imediatamente.

Um ponto importante que não canso de repetir é o pedido para que todos participem do processo, principalmente na hora de decidir o que é ou não importante e vale a pena ser anotado e o que foge do foco da reunião. Isso é crucial quando o condutor profissional não conhece profundamente o assunto da reunião.

Após as considerações iniciais, costumo ler o objetivo e os pontos a serem discutidos. Depois, pergunto se alguém quer acrescentar ou retirar algum tema e faço as devidas correções. Veja a abertura que costumo fazer quando conduzo profissionalmente uma reunião:

> "Olá, meu nome é Christian Barbosa, sou da Triad Consulting, uma consultoria especializada em produtividade. Fui contratado para conduzir esta reunião de forma que ela seja produtiva e que traga bons resultados. Meu papel é guiar as discussões em direção ao objetivo e no tempo previsto. Para que o processo ocorra adequadamente, não poderei abrir espaço para conversas paralelas ou itens fora da pauta. Utilizarei o *flipchart* como apoio para registrar as principais ideias que vocês acharem que devem ser registradas, e também para as atividades pós-reunião. Peço a ajuda de todos para trabalharmos como uma equipe, de

modo que consiga manter a reunião no foco. Se, por algum motivo, alguém identificar alguma falha ou desatenção na hora de registrar alguma informação, peço que interrompam e avisem. Vou orientar a comunicação e, caso alguém deseje falar, peço que avise ou aguarde o colega terminar. Vou reforçar a questão do tempo em diversos momentos, mas vocês mesmos podem fazê-lo se sentirem necessidade. Alguma dúvida? Bem, nosso objetivo de hoje é ... e os pontos que vamos discutir planejados são ...Temos ... horas para atingir esse objetivo. Alguém gostaria de acrescentar alguma coisa, ou tirar algum assunto da pauta? Então, boa reunião."

Se você não faz uma abertura, deixa seu papel indefinido e perde o respeito e a credibilidade, e dificilmente conseguirá recuperá-los ao longo do processo. Não é necessário fazer uma palestra, bastam cinco minutos. De preferência, fique de pé.

2. Discussão

2.1 Técnicas de condução

Cada tipo de reunião exige uma técnica de condução diferente. É o caso do debate, do planejamento em equipe, da criação de visão empresarial, da geração de ideias etc. Meu enfoque nesse tópico será para as típicas reuniões empresariais que concentram aproximadamente 80% dos casos do dia a dia corporativo.

Se você estiver interessado nas técnicas para os outros formatos e tipos de reunião, acesse o site da Triad e consulte o item sobre certificação para condutores de reunião. Lá, encontrará treinamentos específicos para outros formatos de reunião.

Agora vamos voltar ao passo a passo de uma reunião. Após a abertura, leia o enunciado que foi divulgado no momento da convocação e coloque em discussão o primeiro item da lista. Não esqueça de relembrar o tempo disponível para aquele tema antes de dar a palavra para quem quiser se manifestar.

Para manter o ritmo da reunião, tente começar os trabalhos com itens mais rápidos e fáceis, deixando os mais complexos para o final. Isso reforça o processo, treina o condutor e evita que os assuntos mais polêmicos tomem muito tempo e tornem a reunião monótona.

2.2 Controle da comunicação

Você é o condutor da reunião. Tudo bem. Agora imagine que a fala, o discurso, é a sua "bola" e o seu objetivo é fazer com que essa "bola" chegue ao "gol" — no caso, o item que está sendo discutido. Ao longo do caminho até o gol você pode passar a bola para outro jogador e deve evitar as faltas no meio do caminho. Essa é a melhor analogia que vejo para mostrar o processo de condução da comunicação entre as pessoas durante uma reunião.

Quando você passa a "bola" para um jogador e o tema começa a ser discutido, preste atenção ao que a pessoa está falando, acompanhando inclusive sua linguagem corporal. Ao mesmo tempo fique atento às outras pessoas que demonstrarem interesse pela bola também.

Mantenha-se em silêncio enquanto as pessoas falam e anote no *flipchart* os pontos discutidos e as sugestões de ações. Se alguém pedir a palavra, passe a bola sem fazer falta. Seja delicado se precisar interromper a pessoa porque ela ultrapassou o limite de tempo. Uma boa estratégia é perguntar se alguém tem algo a acrescentar ao que "fulano" (repita o nome da pessoa que está falando) está dizendo.

Nunca passe para o próximo item sem finalizar o anterior. Além de ser um péssimo hábito, ficar saltando na pauta favorece o descontrole do tempo e da reunião.

No caso de alguma conversa paralela atrapalhar a fala de algum participante, corte-a imediatamente. Sua posição a esse respeito deve ser explicada logo no início da reunião, mas eventualmente ocorrem interrupções. Cabe ao condutor manter a conversa fluindo na mesma direção.

Quando algum item em discussão é finalizado, é recomendável recapitular o objetivo da reunião antes de ler o próximo ponto a ser discutido, relembrando novamente o tempo disponível para aquele item e o quanto falta para a reunião terminar. Só então reinicie o jogo.

2.3 De olho no foco e no relógio

Manter o foco e controlar o tempo. Eis os dois principais perigos enfrentados pelo condutor de reuniões.

Em primeiro lugar, vamos falar sobre o vilão do tempo, que é o mais simples de ser gerenciado, se você tiver à disposição um cronômetro para marcar o tempo da reunião de forma regressiva. O ideal é colocar o aparelho no centro da mesa, à vista de todos. Naturalmente, as pessoas assumem uma espécie de co-responsabilidade pelo andamento da reunião.

Caso alguém se estenda sobre algum tópico, vale intervir e dar um toque sobre o horário "Pessoal, temos 30 minutos para terminar a reunião." Manter as pessoas concentradas num único objetivo já exige um pouco mais de habilidade (muitas vezes, coragem é a palavra certa) por parte do condutor. Imagine uma reunião em que o seu diretor decidiu divagar e você, como condutor, precisa trazê-lo de volta ao planeta Terra. O que fazer?

O tempo e a experiência vão lhe ensinar que o bom condutor não afirma, apenas questiona. Fazer a pergunta certa na hora certa ajuda a manter o foco e a conversa no universo da solução, além de evitar atritos.

Se algum participante se dispersar, levante questões que o ajudem a voltar ao ponto focal da reunião. Para isso, é preciso ouvir a pessoa, identificar suas palavras-chave e usá-las em forma de perguntas. Essa estratégia é infalível para levar a pessoa de volta ao começo. Trata-se de uma abordagem que soa natural, pois demonstra respeito pela posição do outro e ainda o ajuda a se concentrar no que deve ser discutido. Veja algumas sugestões:

—Prezados, o que vocês acham de voltar ao ponto ... do nosso objetivo?

—De que forma essa questão que você está levantando pode ajudar no item ...?

—O item ... pode ser solucionado então com o que você falou sobre ...?

—Existe alguma ligação deste assunto com o objetivo ...?

Quando você questiona, devolve a lucidez à pessoa que está se desviando do assunto principal. Em geral, a pessoa volta à realidade e responde com objetividade. Se não funcionar, cabe a você, como condutor, se posicionar com firmeza e dizer que o grupo precisa voltar sua atenção para o objetivo da reunião.

Se, mesmo assim, a pessoa insistir no assunto, registre a ideia no quadro. Isso mostra que o assunto não ficou esquecido e que poderá ser discutido em outra oportunidade.

2.4 Registro do que foi dito e decidido

O registro das ideias e ações sugeridas durante a reunião ajuda o processo de fechamento, a fase de *tracking* (acompanhamento) e ainda economiza tempo. Muitas vezes as reuniões se alongam porque um participante levanta um assunto que não é anotado e ele volta a falar da mesma coisa algum tempo depois, às vezes de forma insistente, tomando tempo e causando impaciência.

A solução para esse tipo de situação é registrar todas as ideias que surgirem. Para organizar as anotações, sugiro dividir o *flipchart* (ou a ferramenta que estiver sendo utilizada) em duas partes:

Principais ideias — Utilize esse espaço para anotar tanto as ideias que foram consenso entre o grupo como aquelas que um único participante defende com veemência. Quando o condutor conhece o tema da reunião, fica mais fácil saber o que vale a pena ser anotado. Caso desconheça, peça ao grupo para avisá-lo sempre que deixar passar alguma informação valiosa. A técnica correta para registrar a ideia é parafrasear o que a pessoa fala. Ou seja, repetir de outro modo o que a pessoa disse. Resuma, confirme e anote. Quando alguém der uma sugestão, não discuta — anote exatamente como a pessoa falou, por mais estúpida que possa parecer a informação. Isso demonstra respeito e valoriza a participação de todos, além de evitar a dispersão. Se a informação será usada ou não, é outra história. No momento da reunião, o importante é registrar.

Ações — Na outra parte do *flipchart*, registre ações e atividades pós-reunião. Escolha verbos de ação (fazer, pesquisar, orçar, construir, solicitar etc.) para enfatizar o tipo de atividade necessária. Na hora de fazer o registro, descreva a ação em detalhes, inclusive com prazo de realização e nome do responsável.

O registro da reunião é essencial para agilizar o processo de condução, pois facilita o fechamento e também a definição da fase de acompanhamento. Se o grupo for grande, o *flipchart* ou o quadro branco não funcionarão tão bem quando o notebook e um projetor. Seja com o software de apresentação Organiza ou com outro qualquer, a criação de Mapas Mentais facilita muito a organização e a visualização dos itens registrados.

2.5 Estimule a participação

O condutor que mantém uma postura positiva e respeitosa geralmente consegue estimular as pessoas e criar um ambiente em que a interação entre os participantes aconteça naturalmente. O segredo é deixar as pessoas à vontade, confortáveis e dispostas a colaborar.

Se alguém se sentir retraído para expor suas opiniões e ideias, cabe ao condutor ajudá-lo a se manifestar. Se tiver boa capacidade de observação logo vai identificar os mais tímidos, pois falam baixo, quase como um sussurro. Eles até mexem os lábios, mas a vergonha impede que o som saia de suas bocas.

Nesses casos, o condutor deve agir com sutileza. Nada de pedir a palavra e dizer: “Fulano tem algo a dizer, por favor, fale!" A última coisa que uma pessoa tímida quer é o holofote em cima dela. A melhor estratégia é fazer questionamentos genéricos, abertos a todos, mas sempre acompanhando com o olhar a pessoa que deseja que participe para estimulá-la a dar sua opinião. Se você transmitir segurança, ela falará. Veja algumas perguntas que podem ajudar as pessoas tímidas a se expressarem em público:

—Mais alguma ideia para esse item?

—Alguém que não falou tem alguma sugestão adicional?

—Alguma visão diferente do proposto?

—Como você vê essa questão Fulano?

2.6 Posição de imparcialidade

Deixei esse item para o fim porque ele acontece no decorrer das fases anteriores e também porque é um dos mais difíceis de ser alcançado. Conduzir a reunião de forma imparcial significa manter-se emocionalmente à parte do processo, olhar a reunião de fora, como um observador, e não como um participante. Essa é uma postura difícil de ser mantida quando a pessoa está conduzindo uma reunião com a própria equipe. É o que geralmente acontece quando você ocupa uma posição de gestor e tem de conduzir uma reunião para resolver uma questão entre dois "feudos" do seu grupo.

Muitas pessoas questionam se é correto um diretor conduzir a reunião de sua própria equipe. A resposta é "depende". Se ele conseguir manter a imparcialidade no trato com os funcionários e focar apenas no processo, pode ser bem-sucedido em seu papel de condutor. Caso esteja com as emoções afloradas, deve repassar a tarefa para alguém de fora ou comprometerá o processo.

Quando existe envolvimento emocional, é inevitável se posicionar a favor de um assunto ou pessoa, ou reforçar pontos que gosta e minimizar a importância de pontos que não fazem parte de suas preferências. Isso pode fazer com que o condutor perca o controle da reunião, ou, pior, o respeito dos participantes.

Para manter a imparcialidade, é preciso focar no objetivo e não na discussão. Se a solução não for a que você deseja, mas ainda assim resolver a questão, considere o resultado satisfatório. É importante fazer o registro correto, por mais que discorde da opinião ou sugestão. Quando questionar alguém ou algum ponto de vista, não faça pegadinhas. Mantenha-se neutro e conteste apenas como estratégia para chegar a uma solução.

Certa vez conduzi uma reunião que foi um verdadeiro teste à minha imparcialidade. Explico: sou formado em ciências da computação e fui um dos profissionais mais jovens certificados pela Microsoft no mundo. Não é exagero dizer que desde os 12 anos respiro Microsoft, dia após dia. Pois então, um cliente da área de tecnologia solicitou a condução de uma reunião entre sua equipe de implantação e um cliente deles, que estavam num impasse em relação a um projeto.

O objetivo era solucionar um problema de performance de uma aplicação desenvolvida para Internet e que utiliza a plataforma Java, da Sun. O cliente deles questionava se o investimento milionário feito para a migração para a plataforma .Net da Microsoft resolveria de fato os problemas e o meu cliente insistia que só faltavam alguns pequenos ajustes na infraestrutura que hospedava a solução.

A briga entre Microsoft e Java é comparada à rivalidade entre um corintiano e um palmeirense e à disputa filosófica entre um ateu e um pastor sobre a existência de Deus. Agir de forma imparcial, nesse caso, foi um desafio ao meu bom senso. No começo, confesso que estava torcendo pelo cliente do meu cliente, mas ao longo da reunião deixei a paixão de lado e cheguei a um consenso entre as partes.

Como conhecia profundamente o assunto e o projeto, minhas perguntas iniciais eram tendenciosas para a solução Microsoft, mas, como a isenção era a única forma de chegar a um consenso — a finalidade da reunião —, a saída foi criar questionamentos que levassem ao objetivo da performance, não da plataforma especificamente.

O foco na solução eliminou a parcialidade. Todas as colocações de um lado e do outro foram anotadas da mesma forma, sem critérios de paixão, apenas da razão. O resultado foi uma solução que ninguém esperava: a troca completa de um componente da estrutura que atendia ambos os lados (o que, em jargão corporativo, se chama de solução *win/win*).

Seja imparcial, mesmo que você seja um palmeirense

conduzindo a contratação de um novo técnico para o Corinthians. É uma postura profissional que ajuda a construir o seu caráter.

3. Encerramento

A última parte do processo de condução de reuniões deve ser simples e breve. Seu objetivo é marcar formalmente o fim da reunião e revisar tudo o que foi discutido.

Após a discussão de todos os itens da pauta, e obtidas as respectivas soluções, a reunião se encaminha para o momento de encerramento. Se não estiver, recomendo fazer uma breve recapitulação, de pé mesmo, e formalizar o encerramento.

Inicie relendo o objetivo da reunião e os itens da pauta, depois as principais ideias registradas e, por último, as ações sugeridas. Pergunte se alguém tem algo a acrescentar. Se tiver, registre.

Caso algum item não tenha sido discutido ou falte alguma solução satisfatória, inclua essa anotação como uma tarefa e estipule um prazo para ser realizada. Agradeça a participação de todos, ressalte os pontos fortes da reunião (como foco, contribuições, cumprimento de horários, objetividade etc.) e encerre.

Conduzir reuniões é uma arte em desenvolvimento. Tentei transmitir o coração do processo, mas os pequenos detalhes e os macetes são adquiridos e aprimorados com a aplicação e a experiência. Espero que tenha ficado clara a diferença entre o processo tradicional de reuniões, que é uma mera réplica dos trabalhos em grupo dos tempos de escola, e o processo estruturado e com um condutor habilitado.

Mas o que fazer diante dos imprevistos de uma reunião? Como um condutor deve estar preparado para lidar com eles? É o que você vai ficar sabendo no próximo capítulo.

CAPÍTULO 8

PROBLEMAS & SOLUÇÕES: COMO LIDAR COM OS IMPREVISTOS

Conduzir reuniões é uma atividade muito prazerosa e enriquecedora, mas nem sempre é tarefa fácil, pois podem surgir problemas de todos os tipos e o condutor precisa estar preparado para lidar com eles.

Ao longo dos anos presenciei cenas bizarras, tais como agressões verbais, socos, pontapés, chantagens, grosserias, condutores estressados, copos de água jogados na cara do presidente, políticos inconvenientes que não paravam de contar piadas, ataques de choro, de risos, de soluços e de gases, e muitas outras reações que dariam material para um filme.

Este capítulo trata justamente das reuniões caóticas e das alternativas para solucionar os problemas mais comuns (e alguns não tão comuns assim!). Nessas situações é importante que o condutor mantenha o autocontrole, pois seu exemplo dá o tom para os outros participantes. Se ele não conseguir dominar suas emoções, as outras pessoas não se sentirão na obrigação nem de tentar.

Falta de pontualidade

O primeiro problema a ser combatido é a falta de pontualidade. A melhor solução é dar o exemplo e persistir. A equipe segue e replica o que o líder faz, por isso reforce essa questão com os líderes e incentive-os a cumprir o horário. Se for necessário, ligue 20 minutos antes do início da reunião para lembrá-los do horário e da necessidade de dar o exemplo.

De qualquer forma, não espere transformações mágicas. Se a empresa tem esse hábito há muitos anos, as pessoas vão demorar um pouco a se ajustar às novas regras. Não se muda em poucos dias uma cultura corporativa de anos. Por isso, a persistência é a única estratégia efetiva.

O condutor precisa reforçar constantemente a necessidade de as pessoas serem pontuais. Não esqueça de acrescentar nos e-mails de convocação das reuniões um texto em caixa alta:

> "AQUI RESPEITAMOS O TEMPO DE TODOS: A REUNIÃO COMEÇARÁ PONTUALMENTE."

Cumpra o prometido e não seja tolerante, não importa quem estiver faltando. Caso as pessoas que tomam as decisões se atrasem demais e a reunião não consiga evoluir, é preferível cancelar o encontro do que atrasá-lo.

Como faço palestras sobre assuntos de produtividade, colaboração e gestão de tempo, não posso atrasar um minuto sequer. Imagine perder a hora para falar sobre administração do tempo! Mas, como todo mundo, já esperei horas para começar alguns eventos. Acho um desrespeito para com as pessoas que foram pontuais.

José Paulo, da empresa de eventos NProduções, de Brasília, é um exemplo de respeito ao tempo dos outros. Já participei de diversos eventos organizados por sua empresa, todos com mais de mil pessoas, e nunca tive problemas desse tipo. Um minuto antes da hora marcada para iniciar, José Paulo coloca no ar o vídeo dos patrocinadores e dá início aos trabalhos.

É bom lembrar que a pontualidade é importante não só para iniciar um evento, mas também para encerrá-lo. Dê o exemplo e replique esse modelo de respeito por toda a empresa. Para mudar o mundo nada mais eficiente do que começar mudando a si mesmo. É a melhor maneira de influenciar os membros da sua equipe e esperar que eles, por sua vez, influenciem outras equipes, e assim por diante, formando uma corrente que alcance toda a empresa.

Celulares e notebooks: fontes de distração

Não abordei esse tópico no início do capítulo sobre condução de reuniões, pois prefiro considerá-lo uma exceção, não uma regra. Quando me perguntam se o condutor deve pedir para todos desligarem notebooks e celulares na reunião, respondo que em geral é melhor que sim, mas a verdade é que isso depende da reunião.

Costumo aproveitar o discurso de abertura para solicitar

que as pessoas coloquem o celular no silencioso em respeito aos colegas, e que saiam da sala se precisarem atender. Usar a palavra respeito dá peso ao conselho, portanto, não deixe de usá-la. Para reforçar o pedido, costumo aproveitar o momento para pegar o meu celular e desligá-lo na frente de todos. Mais sutil, impossível. Nunca tive problemas com relação a abuso de celular durante reuniões, mas se alguém receber uma chamada e começar a conversar, interrompa o que estiver falando e espere a pessoa desligar e reforce o pedido para que atenda fora da sala.

Em minha opinião, o pior problema é o notebook, pois ele realmente tira o foco das pessoas durante a reunião. É preciso combinar as regras de uso logo no início. Se os participantes precisarem usá-lo para alguma coisa durante a reunião, fica mais difícil controlar as distrações via e-mail. A saída é evitar ao máximo sua utilização. Se ele for fundamental, determine seu uso em intervalos bem definidos, de modo que possa pedir que todos o desliguem para continuar a reunião.

Conversas paralelas

O problema mais comum que um condutor enfrenta durante uma reunião é a conversa paralela, mas a boa notícia é que esse é um problema fácil de resolver. Basta agir com rapidez e sem hesitações. Quanto mais rápido você cortar a conversa, menos ocorrências acontecerão. Se logo no primeiro caso você demonstrar uma postura assertiva, o exemplo vai ficar na cabeça das pessoas.

Lembre-se de que ser assertivo não significa ser grosseiro nem agressivo. Um condutor que treinei certa vez tinha um jeito tão decidido e duro nesses casos — olhava feio para as pessoas e dizia "Vamos calar a boca?" ou "O clima vai continuar ou podemos voltar pra reunião?" — que acabou surtindo o efeito contrário. O grupo considerou sua postura tão agressiva que passou a não respeitá-lo. Esse exemplo demonstra que mesmo tendo razão é preciso agir de forma equilibrada, com educação e cortesia.

Costumo aplicar três técnicas simples para resolver o problema da conversa paralela. A primeira é a do olhar cruzado. O condutor deve se posicionar de forma cruzada (do lado oposto) diante das pessoas que estão conversando e encará-las. Não faça cara de bravo ou de coitado, apenas olhe. A tendência é que elas interrompam o papo imediatamente. Quando isso ocorrer, permaneça mais alguns instantes nessa posição para evitar que o papo recomece. Caso esteja sentado, apenas olhe fixamente. O resultado será o mesmo.

A segunda técnica funciona muito bem quando o condutor está em pé porque ela consiste em se aproximar dos conversadores. A simples possibilidade de ouvir o conteúdo da conversa já pressiona as pessoas e as força a interromper o bate-papo paralelo.

Caso nenhuma dessas abordagens sutis funcione, o jeito é partir para o enfrentamento, porém sem agressividade. Lembre-se do que eu disse antes: o condutor deve usar o questionamento inteligente em vez de perguntas diretas, francas e objetivas. Esse tipo de intervenção costuma ser eficiente. Você pode falar diretamente às pessoas "Fulano, você gostaria de trazer alguma contribuição para nossa conversa?" ou "Existe algo que vocês queiram colocar em discussão?" ou genericamente "Vamos aguardar o grupo focar para dar continuidade".

O desafio de manter a concentração

A dispersão é bastante comum em reuniões e deve ser resolvida rapidamente, pois uma conversa fora da pauta pode envolver as pessoas e fazer com que queiram discutir o assunto. Quando isso acontece, o condutor perde o controle do processo e é sobrepujado pela vontade do grupo.

A melhor maneira de manter o foco da reunião é aproveitar o discurso de abertura para reforçar os objetivos do encontro e propor um acordo de cavalheiros: "Durante a reunião vamos focar no objetivo e pontos descritos na pauta. Caso algo novo surja, vamos colocar como um item para uma próxima discussão, todos concordam?"

Como houve um acordo, sempre que as pessoas se dispersarem, lembre-as do que ficou combinado. Quando a sala tem espaço, aproveito para deixar o *flipchart* bem à vista com o objetivo e os pontos a serem discutidos escritos em letras garrafais. Isso ajuda a manter o grupo focado durante a reunião, pois costumo me aproximar várias vezes do *flipchart* para indicar os itens que faltam ser debatidos e resolvidos e peço que as pessoas se concentrem neles.

Essa técnica cria o que chamamos na Programação

Neurolinguística (PNL) de âncora visual, que, se bem estabelecida, ajuda o grupo a recuperar rapidamente a concentração pela simples aproximação do *flipchart* e através da indicação visual dos itens da pauta de discussão. Lembra daquela professora que batia o apagador na lousa toda vez que tinha bagunça? É o mesmo princípio.

Caso as pessoas continuem dispersas e conversando umas com as outras, você ainda tem um último recurso: registre o fato no *flipchart* e questione se o assunto que estão conversando deve ser colocado na pauta e se estão conscientes de que haverá uma extensão de tempo por causa da falta de concentração.

O condutor na linha de tiro

Em minha opinião, a pior situação enfrentada por um condutor é quando ele é atacado pelo grupo ou por uma pessoa. Trata-se de uma reação que geralmente reflete algum mal-entendido durante o processo de condução. O mais comum é quando o condutor age de modo indelicado ou desrespeitoso, ou quando faz julgamentos ou críticas a respeito da participação de algum membro.

Outra possibilidade é quando o ambiente está tão tenso que o grupo usa o condutor como alvo para manter o controle da situação e, ao mesmo tempo, desestabilizar o processo.

A reunião mais difícil que conduzi em minha vida foi uma sindical. De um lado estava uma grande indústria, decidida a negociar demissões e reduções de benefícios para cortar custos, e do outro lado estava o sindicato, interessado em postergar ao máximo a reunião e, por tabela, a decisão.

Fui contratado para ajudar na condução desta reunião porque as anteriores foram muito difíceis e complicadas. São inúmeros os artifícios que as pessoas usam em uma situação dessas, mas parece que naquela reunião específica a estratégia da equipe do sindicato era desestabilizar o condutor, no caso, eu.

Fui atacado de todas as formas possíveis, além de menosprezado, xingado, ignorado, chamado de moleque e do que mais você imaginar. O objetivo era tumultuar o processo e não avançar na pauta. No cômputo final, dos dez itens da pauta, sete foram resolvidos, e um ficou com a solução encaminhada. Só não conseguimos abordar dois itens, um resultado considerado excelente pelos diretores da empresa, pois a média até então era de três ou quatro itens resolvidos por reunião.

Em situações desse tipo, o condutor precisa ter muita diplomacia, paciência e calma mesmo quando sob ataque. A meta é tentar criar um *rapport* com o outro, de forma a entender o seu ponto de vista e não desenvolver sentimentos de raiva ou de poder.

Um conceito importante para o condutor ter em mente é que numa reunião desse tipo, os participantes formam um grupo e o condutor, na maioria dos casos, é uma pessoa externa a ele. Logo, se você atacar alguém, de certa forma está atacando todo o grupo e isso geralmente provoca uma reação. A dica é separar a pessoa do grupo e não atacar, pois o grupo tende a excluir o participante (ver como falta de respeito ou coisas do tipo) e ajudar o condutor no controle.

Nos momentos em que virar alvo, no entanto, é preciso ter calma. Nada mais eficiente do que resumir o que a pessoa falou (com as palavras dela, lembre-se) e encaminhar o assunto para uma pergunta proativa que antecipe necessidades e sugira soluções, não problemas. Exemplo: "Entendo que você ache que sou um moleque e não aceite minha presença nesta reunião, mas estou fazendo meu trabalho e buscando ajudar vocês a alcançarem o objetivo... , de que forma você acha que podemos criar uma solução para esse problema da...?"

Para conseguir estabelecer um *rapport* numa reunião em que os ânimos estão exaltados é fundamental agir com calma e naturalidade, demonstrando essa postura inclusive através do tom de voz, da respiração e das palavras. Se você conseguir manter esse estado de espírito, perceberá uma mudança no clima e a tendência do grupo será a de tornar seu aliado.

Se a despeito de todas as tentativas você não conseguir restabelecer um clima de paz e tranquilidade, é melhor encerrar a reunião. Entregar a condução à pessoa que está atacando não é o ideal, pois em geral ela não está preparada. Além do mais, sua autoridade como condutor fica prejudicada para eventos futuros. Uma alternativa é solicitar ajuda e repartir a função, mas não entregue totalmente o cargo.

Respire, tenha calma e faça perguntas que levem à solução, não ao problema. Esse é o segredo para manter a reunião no eixo e fugir dos ataques, pois isola a pessoa da solução necessária.

Objetividade ajuda a controlar o tempo

Tempo perdido é tempo que não volta, já diz o ditado. Por isso é preciso pontuar cada tópico e mencionar constantemente o tempo restante, além de cortar as conversas paralelas sobre assuntos que não foram previstos na pauta.

Às vezes os debates se alongam e não dá tempo mesmo para deliberar sobre todos os pontos da pauta. Nesse caso, o condutor deve fazer uma pausa e reorganizar a agenda, adicionando o tempo necessário. Mas não aja de forma arbitrária. Em vez de impor a sua decisão ("Pessoal, como não vai dar tempo para discutir tudo o que precisamos, decidi estender nosso encontro por mais meia hora."), apresente o problema e pergunte: "Pessoal, o planejamento não levou em conta esses pontos que foram levantados e para cumprir a agenda vamos precisar de mais 30 minutos. Vocês concordam em prolongar a reunião ou preferem agendar outra data?"

Outro fator que provoca muito desperdício de tempo é o participante monopolizador. Minha sogra, como boa filha de italianos, me ensinou muito sobre esse assunto, pois nas festas de família ela fala o tempo todo sobre qualquer assunto. Seja na família ou na empresa, convivemos diariamente com pessoas que gostam de monopolizar a conversa, qualidade que pode ser muito bem-vinda no happy hour, mas que vira um problema quando "tempo é dinheiro".

Em geral, o monopolizador corporativo tem conhecimento do assunto e isso garante a sua sobrevivência no grupo. Afinal, não dá para menosprezar ou deixar de lado alguém que tem um bom conteúdo e pode contribuir para a solução do problema em foco, não é mesmo? A saída é ensinar o monopolizador a usar sua imensa energia de forma produtiva e controlada.

Mas como? Fazendo perguntas mais fechadas e objetivas, pedindo inclusive que ele resuma conceitos etc. Se o monopolizador se empolgar com essa abordagem, não se desespere. Existem algumas formas de interromper o seu "monólogo" sem ser mal-educado.

Quando a pessoa exagera e insiste em continuar falando sobre o mesmo assunto, o condutor consegue aumentar o seu poder de controle se olhar para outra pessoa do grupo e perguntar, objetiva e diretamente: "Você tem algo a acrescentar sobre a opinião de (nome do monopolizador)?" Com certeza haverá uma pausa. Pronto, essa é a sua chance de direcionar a conversa para o foco correto. Não esqueça de repetir o nome do monopolizador, pois o que ele mais ama ouvir é o próprio nome. Isso o faz se sentir valorizado.

Os participantes típicos

Os problemas descritos acima são muito frequentes no dia a dia de um condutor de reuniões. Eu poderia adicionar mais alguns à lista, mas eles acontecem tão raramente que não vale a pena incluí-los neste livro. Uma forma mais simples de enfrentar os imprevistos é entender o perfil dos participantes da reunião. As pessoas tranquilas contribuem para o bom andamento do trabalho. Com essas, o condutor não precisa se preocupar. Pena que existem as "peças raras", que adoram tumultuar a reunião e prejudicar o andamento das discussões.

Selecionei alguns tipos da fauna de participantes inoportunos para que você os identifique e saiba como lidar com eles.

Participante-raposa

O participante-raposa é aquele que fica à espreita, preparado para atacar, e geralmente traz uma agenda oculta, com dados que só ele conhece e que, é claro, pretende jogar na reunião para desestabilizar o grupo ou uma pessoa específica. A intenção é desmerecer ideias e opiniões sempre que for possível.

Detesto ter raposas em minhas reuniões, pois são pessoas articuladas e que sabem a hora certa de jogar a informação "bomba" na sala. Se você não caçar sua raposa a tempo, com certeza terá problemas e poderá perder o controle da reunião.

Minha última experiência com um participante-raposa foi durante uma reunião que conduzi para um cliente da área financeira. Identifiquei o tipo assim que o vi chegando, cheia de pastas. Confirmei minhas suspeitas quando ele começou a se comportar como se não estivesse prestando atenção no que estava sendo discutido (a apresentação era sobre estratégias de marketing executadas versus resultados obtidos) e às vezes dava risadas. Com certeza tinha algum dado contrário que minaria a apresentação do diretor de marketing.

Não esperei a raposa atacar. Interrompi a apresentação e, olhando diretamente para ele, perguntei: "Fulano, parece que você tem algum dado que contradiz o que está sendo apresentado. Você gostaria de colocar alguma informação na pauta ou fazer algum comentário?"

A raposa saiu da toca e, totalmente sem graça, disse que tinha feito um grande levantamento sobre a questão e o retorno que havia medido era 70% menor do que o número apresentado. Agradeci a informação e pedi que o diretor de marketing continuasse a apresentação. Habilmente, o diretor usou a nova informação de forma positiva quando apresentou seus dados.

Se não for desmascarada e isolada, a raposa torna-se perigosa. Ao forçá-la a declarar seu ponto de vista ou informação, você a deixa exposta. Como condutor, aproxime-se da raposa e tente descobrir o que ela esconde. Fique de olho. Se não conseguir desarmar a "bomba" com antecedência, esteja preparado para agir positivamente quando ela estourar. Por exemplo, faça perguntas que levem à solução, como: "Obrigado pela contribuição, agora que esse dado é público, que solução você oferece a essa questão?"

Participante-macaco

O participante-macaco é o piadista de plantão. Ele gosta de fazer graça e de dar sua opinião, e aproveita qualquer deslize dos outros para fazer piada. É o tipo de pessoa que gosta de ser o centro das atenções e de ser admirado pelos colegas como o "engraçado". É alegre e quer que o mundo seja tão alegre quanto ele.

A solução para manter o macaco sob controle em uma reunião é cortar suas asas logo no início. Não deixe que suas gracinhas ganhem espaço. Quando ele falar que "tem uma piada ótima sobre isso", agradeça, mas explique que prefere deixá-la para depois da reunião. Evite fazer perguntas abertas ao macaco, pois isso dá chance de ele pular no palco. As perguntas fechadas e objetivas diminuem a chance de que isso aconteça.

A melhor estratégia para deixar um macaco quieto é lhe dar uma banana, não é mesmo? Pois então deixe a seu encargo alguma atividade durante a reunião, como refazer os cálculos da planilha ou registrar as próximas ações no sistema de projetos.

Participante-cavalo

Toda reunião tem um participante-cavalo, aquele profissional dedicado que beira ao workaholic e que geralmente é especialista em algum assunto, além de voraz devorador de regras e manuais da empresa. Dono de uma sabedoria singular, o cavalo gosta de demonstrar que sabe das coisas e acaba sendo grosseiro em suas colocações, pois não mede muito as palavras. Em geral, fala a coisa certa do pior jeito possível.

Alguns gestores são cavalos e isso cria um péssimo clima na equipe, pois esse tipo de líder é considerado um "cara muito preparado, que sabe muito, mas com quem não dá para estabelecer um relacionamento".

Nas reuniões, sua contribuição é importante, pois traz informações, conteúdo e muitas vezes poder de decisão. Por essa razão, sua participação não deve ser descartada ou neutralizada, como a dos bichos citados antes. Muito pelo contrário, o participante-cavalo deve ser valorizado. O segredo é ajudá-lo a se colocar de forma mais sutil. Nunca pressione um cavalo ou sua reação será um coice. Deixe-o à vontade e alegre. Dê-lhe amor e ele retribuirá com amor.

O participante-cavalo também é muito útil para anotar as principais ideias, bem como para enviar o e-mail de fechamento da reunião, conforme veremos no próximo capítulo.

Participante-piolho

O participante-piolho também pode ser chamado de puxa-saco. Você conhece algum lugar que não tenha o tipo? Eles vão para a reunião dispostos a bajular o chefe: "Nossa, fantástico isso que fulano disse, nunca pensei nisso. Brilhante."

O problema desse tipo de pessoa é que ela forma um subgrupo com o bajulado. Se você atacar um, automaticamente atinge o outro. E o pior é que geralmente eles se defendem em dupla.

Quando identifico um piolho no grupo, procuro encaminhar a conversa para outra pessoa depois da fala do chefe, para evitar a sessão de bajulação. Vale também questionar sua opinião pessoal. Se possível, faça isso antes do bajulado, para tirá-lo de sua zona de conforto.

Se ele só estiver presente à reunião para enfeitar o ego do outro, faça o que a saúde pública recomenda quando a infestação de piolho é grande: raspe a cabeça e resolva o problema.

Participante-cachorro

Existe um bicho que não é prejudicial à reunião, mas que precisa de sua ajuda. Trata-se do cachorro, o melhor amigo do homem, sempre brincalhão e disposto a ajudar, o que o transforma em alvo do abuso de muita gente.

A pessoa tipo cachorro é aquela que se oferece para tudo e para quem todos pedem tudo. Preste atenção quando estiver registrando alguma ação e perguntar quem vai assumir a tarefa. Não tem erro. O participante-cachorro certamente estará com o rabinho abanando à espera de ver seu nome ser colocado na lista.

Como condutor você tem a obrigação de não deixar que ele assuma todas as tarefas, pois a vontade de ajudar acaba distorcendo sua noção de realidade e ele nem percebe que não terá tempo para fazer tudo. Sugira outros nomes para a lista de ações e proteja o cachorro de eventuais abusos.

Participante-sereia

Este ser mitológico, metade mulher, metade peixe, também

aparece de vez em quando em algumas reuniões. Em geral são pessoas encantadoras, elegantes, donas de um sorriso marcante e um olhar penetrante – enfim, são atraentes e sexy ao mesmo tempo. O tipo sereia encanta e hipnotiza os desavisados e os deixa fascinados.

Existem sereias que gostam de provocar com o objetivo de desestruturar o outro. O condutor precisa evitar esse tipo de abordagem durante a reunião, pois a troca de olhares intensos provoca constrangimentos. Controle-se e não se deixe seduzir ou terá problemas ao longo do processo.

Ainda falarei sobre condução de reuniões. Mas para dar prosseguimento ao que chamei de PAT (ver capítulo 4), abordarei no próximo capítulo o que seria a última parte desse processo: o acompanhamento pós-reunião.

CAPÍTULO 9

TRACK – O ACOMPANHAMENTO PÓS-REUNIÃO

De acordo com o processo PAT de reuniões de resultado, após a fase de planejamento e condução vem o acompanhamento pós-reunião. Essa etapa responde apenas por 10% do sucesso de uma reunião, mas nem por isso é menos valiosa.

Sua importância está relacionada à qualidade das fases anteriores. Caso haja falhas de planejamento, o acompanhamento de todas as fases do processo precisa ser reforçado, pois os participantes não tiveram acesso prévio à documentação da reunião.

Quando a condução da reunião é bem realizada, a fase de acompanhamento é muito simples e fácil de ser concluída. Já quando a condução é desastrosa, o condutor terá de relembrar os pontos discutidos e documentá-los.

O acompanhamento, ou *tracking*, é o elo de fechamento do processo, na medida em que reforça todas as decisões tomadas durante a reunião, documenta as informações trocadas, direciona as pessoas para as ações posteriores e reforça o hábito de boas reuniões na empresa.

Um *tracking* bem executado ajuda a criar um bochicho positivo na empresa e também entre clientes e fornecedores. Quando as pessoas são informadas do resultado da reunião por meio do acompanhamento, ficam encantadas com a competência do condutor. Não é incomum que o texto de acompanhamento seja encaminhado para outras pessoas por e-mail com algum comentário do tipo "olha que exemplo de reunião produtiva".

As formas genéricas de documentação de reuniões serão apresentadas e comentadas mais à frente. De qualquer forma, é importante não esquecer que algumas reuniões (órgão públicos, entidades classistas etc.) exigem algum tipo de protocolo e isso deve ser respeitado, a não ser que haja uma negociação mudando a regra.

Ata ou *tracking*?

O acompanhamento pode ficar a cargo do condutor, mas a tarefa também pode ser delegada a outro participante da reunião ou até a secretária. O essencial é saber diferenciar uma ata de um *tracking*. A ata é um registro do que foi discutido e, em algumas situações, das ações que os participantes concordaram e que devem ser realizadas. O trabalho de *tracking* consiste de um relatório estruturado com as ideias, ações e tarefas delegadas por sistemas como Outlook ou Notes, além de uma avaliação dos resultados.

A forma mais simples e rápida de fazer isso é pelo e-mail, mas algumas empresas preferem formalizar quaisquer decisões através de um documento próprio para gestão de reuniões. O sistema de *workflow* para controle de processos é uma alternativa inteligente, pois ajuda a gerenciar o conhecimento de uma forma mais estruturada.

Em qualquer um dos casos, esse documento (ata ou *tracking*) deve conter os elementos listados a seguir, mas fique à vontade para adicionar seus próprios itens:

— Dados de infraestrutura (data, hora, local e duração)

— Nome dos participantes e do condutor

— Objetivos e pontos de discussão

— Principais ideias discutidas na reunião

— Tabela de atividades (com ação, data e responsável)

— Notas de agradecimento

— Sugestões ou problemas encontrados (opcional)

— Link para avaliação da reunião e do condutor (opcional)

Se o trabalho de condução foi bem feito, basta copiar o que foi anotado nas colunas do *flipchart* para esse e-mail de acompanhamento. Na hora de redigir o documento, é melhor apresentar cada ponto discutido e, em seguida, o que foi resolvido. Tente ser o mais fiel possível ao que foi discutido e não invente coisas que não foram ditas ou perderá futuros trabalhos de condução.

A formatação do relatório de acompanhamento deve ser em tópicos, bullets (•), travessões (—) ou itens numerados (1,2,3). Esses recursos são eficientes quando o meio de comunicação é o e-mail, pois evita que o texto fique muito longo e permite uma leitura fácil e rápida.

Pode reparar que, ao pegar uma revista para ler, a primeira providência de qualquer pessoa é começar pelos boxes ou quadros com itens e depois passar para o texto propriamente dito. Ninguém tem tempo para ler e-mails, mas todo mundo se sente atraído por e-mails com um bom layout.

É importante que o bloco de ações a serem executadas seja apresentado em formato de tabela. Uma boa ideia é acrescentar no e-mail a tarefa de revisão final das ações estabelecidas, já com o nome da pessoa encarregada.

Na hora de preparar o envio do e-mail, escolha um "assunto" que faça sentido e crie um padrão para esse tipo de e-mail, algo do tipo: "Track reunião XPTO — 11.09.09."

Por uma questão de cortesia e privacidade, não envie e-mails com cópia aberta para todos os participantes (Cc). Prefira o campo de cópia oculta (Cco), para evitar que as pessoas respondam a todos desnecessariamente (afinal, todos sabem quem foi na reunião). Ao utilizar esse padrão, as pessoas irão responder apenas a você. Caso ache pertinente adicionar o comentário ao e-mail, faça isso e mande para todos. Isso agilizará o uso do e-mail na empresa.

Se o sistema de e-mails da empresa for o Outlook ou o

Lotus Notes saiba que é possível inserir esse e-mail de acompanhamento dentro do registro da reunião. Basta clicar no e-mail e arrastá-lo, sem soltar o mouse, para o compromisso da reunião. Dessa forma, ao clicar na reunião, o acompanhamento estará associado, o que facilita a organização dos itens.

Após enviar o e-mail aos participantes, adicione a tarefa de *follow-up* das atividades, que pode ser feita por você ou por qualquer outra pessoa que indicar. A melhor forma de fazer isso é pegar a data da última tarefa a ser feita na lista de ações e acrescentar dois ou três dias de prazo, já prevendo um eventual atraso dos participantes. Envie um e-mail para as pessoas encarregadas, confirmando se elas foram executadas.

No Microsoft Outlook ou no Lotus Notes você pode criar tarefas relacionadas à reunião e indicar os responsáveis. Quando elas forem concluídas, uma notificação automática será enviada para o seu e-mail, o que elimina a necessidade de *follow-up*.

O mais comum é que as pessoas assumam as tarefas na reunião e se encarreguem de realizá-las. Se existe um clima de confiança, responsabilidade e cooperação na empresa, o papel do condutor termina no momento em que envia o e-mail. Se não for o caso, as tarefas de *follow-up* são recomendadas.

Como sugestão final, acrescente uma nota agradecendo as pessoas pela reunião e reforce os pontos altos do encontro. Caso tenha tido problemas, não relembre isso no e-mail. É mais inteligente, e eficiente, convocar a pessoa problemática para uma reunião individual, quando você conversará sobre o ocorrido e colocará o seu ponto de vista.

Veja um exemplo de como deve ser um e-mail de acompanhamento.

Reunião de mudança de layout do departamento financeiro

Data: 03.11.08 / 10:00 – 11:00

Condutor: Cláudio

Participantes: Ricardo, Joana, Mateus, Andressa, Jorge (fornecedor) e Ana (arquiteta).

Objetivo: Definir o novo layout do departamento financeiro e solicitar o orçamento para o fornecedor de móveis e também para a arquiteta.

Pontos discutidos:

1. Necessidades do novo layout – 30 minutos

As principais necessidades apontadas pela equipe para o novo projeto foram:

- A sala deve comportar nove pessoas;
- É preciso ampliar o espaço de circulação;
- Instalar as impressoras fiscais próximas do departamento de cobrança;
- As divisórias devem ser altas com vidro para diminuir o barulho e evitar conversas paralelas;
- As cores devem ser claras e reforçar a identidade visual da empresa;

• Todos os cabos devem ficar escondidos e integrados nos móveis e nas divisórias.

2. Limites de budget, prazo e implantação – 30 minutos

• O projeto deve estar pronto e implantado antes do término do ano fiscal;

• O budget para esse projeto é de R$ 30 mil e os móveis retirados devem ser aproveitados e montados na área de logística.

Próximos passos:

Ação: Enviar projeto do layout para aprovação da diretoria. Data: 07.11

Responsável: Ana

Ação: Enviar solicitação de orçamento para três fornecedores. Data: 08.11

Responsável: Mateus

Ação: Apresentação do projeto ao diretor financeiro. Data: 15.11

Responsável: Cláudio

Agradeço a participação e a contribuição de todos e o exemplo de conduta do grupo. Que isso se torne um padrão para as reuniões futuras.

Atenciosamente,

Cláudio

Avaliação do resultado da condução

Você sabe que o processo de formação de um condutor não é rápido e que exige persistência, experimentação e capacidade de aprender com os erros. Na Triad Consulting, temos uma equipe experiente de condutores, mas nenhum deles ficou pronto em uma semana ou com um histórico de cinco reuniões conduzidas. Um profissional dessa área ganha jogo de cintura a partir de 60 horas de reuniões. Para liderar encontros apenas dentro da própria empresa, a exigência cai para 20 horas de prática à frente de reuniões .

Existem duas maneiras de formar um condutor: solicitar avaliação e feedback dos participantes ou contratar condutores profissionais para fazer o acompanhamento de quem está dando os primeiros passos e auxiliar durante o processo, além de fornecer feedback e treinamento pós-reunião.

O sistema de avaliação é fácil de implantar e ajuda bastante na formação do condutor. É importante entender a necessidade de receber feedback do trabalho que fazemos. Quem está conduzindo não consegue perceber alguns detalhes que podem afetar o grupo ou um participante em particular, e se isso não for pontuado, não haverá aprendizado e o erro poderá se repetir.

O que costumo notar é que os condutores não erram em áreas diferentes — em geral, eles repetem os mesmos erros. O iniciante pode criar certos vícios e passar a repeti-los ao longo de suas conduções. Não são erros diferentes, e sim o mesmo erro feito de diversas maneiras. Um exemplo é o condutor que fala demais. Ao fazer colocações ou brincadeiras descabidas, ele pode dar abertura para que os participantes iniciem conversas paralelas, contem piadas etc.

Ouvir a opinião franca, direta e honesta das outras pessoas a respeito do próprio trabalho ajuda a enxergar esse e outros problemas. O condutor precisa estar aberto a ouvir críticas construtivas e que o ajudem a melhorar na função.

A Triad tem utilizado uma pesquisa de avaliação pós-reunião que tem se mostrado muito produtiva e eficiente. Trata-se de um questionário simples e que não demora mais de três minutos para ser respondido. A identificação deve ser opcional, mas, *a priori*, a pesquisa é anônima para que as pessoas tenham maior liberdade de comentar, elogiar ou criticar.

Cada condutor pode formatar essa pesquisa de avaliação da forma que achar conveniente, mas é necessário incluir alguma pergunta de mensuração numérica que permita avaliar o grau de melhoria ao longo das avaliações.

A seguir a pesquisa que costumo enviar após as reuniões que conduzo:

1. Sobre o objetivo da reunião, escolha uma das alternativas:

( ) Não foi atingido

( ) Foi atingido

( ) Foi atingido em parte

2. A habilidade de condução da reunião foi:

( ) Excelente ( ) Indiferente

( ) Boa ( ) Péssima

3. Avalie e dê uma nota de 0 a 10 para os itens abaixo:

Foco –

Duração da reunião –

Anotações das ideias –

Controle do tempo –

Próximos passos –

Controle dos participantes –

4. Se houve algum problema durante a reunião, dê sugestões de melhorias ou avalie criticamente o item em questão.

5. Dê uma nota de 0 a 10 para a reunião no contexto geral.

Você pode enviar sua resposta por e-mail, como anexo do Word, ou utilizar uma ferramenta de avaliação que envia um e-mail aos participantes com um link e, depois que todos respondem, reenvia o resultado para o seu e-mail.

Quanto maior o número de avaliações e feedbacks que um condutor receber, maiores são as chances de melhorar o seu desempenho. Preste atenção aos itens repetidos nas avaliações e reforce esses pontos na próxima condução.

CAPÍTULO 10

NAS REUNIÕES COM CLIENTES, CONDUZA DISCRETAMENTE

Agora que você já conhece as metodologias e as técnicas de condução de reuniões no ambiente corporativo, está apto a planejar, conduzir e acompanhar uma reunião que gere bons resultados e atinja os objetivos propostos. Mas talvez esteja se perguntando: será que consigo aplicar esse modelo de reunião com clientes e fornecedores?

Sim, é possível utilizar o método em qualquer tipo de reunião. Ele precisa apenas ser adaptado, pois as pessoas estão viciadas em reuniões de péssimo desempenho. Se você chegar em um cliente e se levantar durante uma reunião para fazer anotações no *flipchart*, destacar os objetivos e se oferecer para conduzir o encontro, é provável que ele ache a atitude muito estranha. Quando visitar clientes, parceiros e fornecedores, recomendo seguir o modelo de reunião deles, o que muitas vezes é improdutivo e cansativo. A questão é delicada quando envolve algum cliente importante, pois ao mesmo tempo em que não é recomendável tentar impor o seu modelo de condução de reuniões, não dá para jogar o tempo dele e o seu no lixo. A solução é o meio do caminho: nem aceitar nem impor, e sim "conduzir discretamente".

A condução discreta varia de acordo com a situação, com o mercado, com a necessidade e até com o perfil dos clientes. Boa parte do trabalho de consultoria para gestão de reuniões consiste em analisar esse perfil e adaptar a metodologia de acordo com o projeto.

O que vou apresentar a seguir é um modelo genérico de condução de reuniões com clientes, baseado nas fases que foram detalhadas anteriormente.

Planejamento

Se a convocação para a reunião for feita por você, é recomendável estabelecer um objetivo e os próximos passos, como vimos na fase de planejamento. Se for um encontro de apresentação, não há necessidade de enviar o e-mail de planejamento, pois o objetivo está mais do que definido.

Durante a execução de projetos em clientes, esse planejamento é fundamental, pois muitas vezes é usado como forma de registrar o trabalho e documentar os procedimentos e as decisões, podendo até mesmo ser usado como prova documental.

A vantagem de um bom planejamento é que, além de auxiliar a reunião, passa uma imagem de organização, eficiência e responsabilidade. Você não imagina quantos feedbacks positivos recebemos sobre os e-mails de planejamento de reunião. Inclusive conseguimos vários clientes graças ao marketing espontâneo que ele proporciona.

O planejamento benfeito também contribui para a condução eficiente. Quando o cliente recebe o e-mail com o passo a passo da reunião, ele percebe a necessidade da condução para que o objetivo seja alcançado.

Esse primeiro e-mail funciona também como apoio para a fase seguinte. Experimente enviar um e-mail de planejamento de reunião como vimos na primeira fase e preste atenção ao resultado. Sempre que deixo de enviar esse e-mail, a reunião acaba se perdendo em assuntos secundários. Crie o hábito de planejar suas reuniões e contamine o mundo com ele.

Condução sutil

Conduzir uma reunião num cliente é como fazer uma "pós-graduação" em condução de reuniões. Na maioria dos casos, a condução não acontece formalmente, como vimos anteriormente, mas de forma sutil e discreta, sem que o cliente perceba que esta sendo conduzido.

É importante levar um pequeno cartaz com o objetivo e os pontos de discussão da reunião impressos em garrafais (tamanho 14 ou 16), de modo que os participantes possam ler sem dificuldades quando você colocar o cartaz na mesa ou prendê-lo na parede.

Se tiver que improvisar e o único recurso disponível for um caderno, não se desespere. Anexe esse cartaz na página da esquerda do caderno e use o lado direito para o registro de ideias e próximos passos.

Se a reunião tiver muitas pessoas, tente sentar-se numa posição estratégica — numa das pontas da mesa ou num local central. Se estiver com alguém de sua equipe, peça para que fique próximo de pessoas que são mais "problemáticas". Essa dica tem dois propósitos: manter um integrante de sua equipe acompanhando a contribuição dessa pessoa problemática para a solução das questões discutidas, bem como reduzir as conversas paralelas.

São medidas eficientes porque se o cliente for do tipo prolixo, é provável que faça comentários com o integrante de sua equipe, o que permite que ele peça para a pessoa manter a concentração (como se fosse ele quem começou e não com o cliente).

A condução da reunião deve começar com uma abertura que estabeleça um rapport com seu cliente e reforce a questão da "compreensão dos problemas e do mundo do outro". Nessa conversa inicial, vale fazer perguntas genéricas e pessoais, tais como família, tempo, saúde, interesses pessoais, esportes.

Além de quebrar o gelo, esse bate-papo ajuda a estabelecer o *rapport*. Passar 15 minutos conversando fiado não é exagero. Considere esse tempo em seu planejamento, mas não precisa colocar um item como "*Rapport* – 15 minutos". Já vi gente fazer isso, mas não é necessário.

Quando sentir que está na hora de iniciar a reunião, faça perguntas que remetam ao tema, algo como: "E por aqui como andam as coisas, o sistema já entrou no ar?", ou: "E você, está mais tranquilo ou ainda pressionado com aquele projeto X?", e assim por diante.

Essa é a deixa para iniciar a reunião. Quando o assunto voltar para o foco da reunião, vire-se de frente e olhe para a pauta e faça o comentário: "Bem, temos alguns assuntos definidos para hoje, conforme enviei para vocês. O principal é que nós consigamos sair daqui com tudo resolvido (repita resumidamente o objetivo). Podemos começar sobre o assunto X....".

Faça um aviso inicial sobre o procedimento de registro das principais ideias e ações que surgirem ao longo da discussão. Sempre faço uma pequena explanação a esse respeito, mesmo que não tenha intimidade com o cliente. Em geral, uso o meu notebook e o sistema Triad Organiza para registrar reuniões com texto, ou crio um mapa mental. Esses recursos são muito úteis na confirmação dos itens definidos e na fase de acompanhamento.

Perguntas objetivas e perspicazes

O segredo de uma condução discreta é a habilidade de perguntar de maneira que a resposta leve o grupo em direção ao foco desejado. Faça perguntas objetivas, porém perspicazes, que levem as pessoas a discutir os temas que interessam. Quando perder alguma informação, faça um apelo: "Só um minuto, não consegui registrar o que foi definido, falamos que (...)". Isso ajuda o grupo a se concentrar e a voltar sua atenção para o que está sendo definido. E é conduzir a reunião sem ser o condutor oficial.

Quando um assunto for resolvido, risque-o do caderno (ou *flipchart*) para que todos acompanhem o andamento da reunião. Isso mostra a sequência do processo de condução e já encaminha o debate para o próximo item da pauta.

Se o clima ficar tenso ou surgir algum tipo de conflito, recorra às tais perguntas perspicazes — sempre focadas na solução, nunca no problema. De forma positiva e aberta, levante questões que encaminhem a conversa na direção do que deve ou poderá ser feito e tente não aprofundar a discussão do problema.

Se o cliente começar a divagar, a contar piadas e a falar de coisas fora da pauta, tente resgatar o foco o mais rápido possível. Mas aja com sensibilidade, pois um corte puro e simples não é possível numa situação com um cliente. A saída é não esticar a conversa e questionar a relação do assunto com o objetivo. Uma abordagem direta "Fulano: nosso tempo está curto e temos ainda uma pauta grande, podemos registrar isso para ser discutido posteriormente?" é a solução mais arriscada.

O controle de tempo em uma reunião com um cliente também deve ser feito, mas também exige jogo de cintura e táticas inteligentes. Sempre que puder, reforce a questão do andamento: "Temos X minutos para o final da reunião, estou preocupado com o SEU tempo." Pode ser que o cliente fique desconfortável com esse tipo de intervenção, mas vale a pena experimentar, pois ninguém gosta de perder tempo em reuniões. Sua objetividade pode ser muito bem vista.

Nos clientes com quem tenho uma relação próxima, tiro

minha ampulheta digital (tipo a tradicional, de areia, só que digital, e que permite até duas horas de reunião) e inicio o cronômetro no começo da reunião. Geralmente, a reação é de curiosidade. "Vamos ver se vai dar certo" ou "Puxa, vou ver para aprender" são os comentários. Quando ouço esses comentários automaticamente começo a fazer uma condução mais formal, pois fico com a sensação de que fui "solicitado" a isso. Até hoje o resultado tem sido positivo.

Tenho vários clientes na indústria farmacêutica e o padrão de reuniões realizadas pelas equipes de propagandistas responsáveis por apresentar e indicar produtos a médicos, hospitais e agrônomos (no caso de saúde animal ou agronegócios), é bem semelhante. Participei de uma consultoria em uma grande indústria desse setor cujo objetivo era aumentar a qualidade de vida e a efetividade do trabalho desses profissionais.

Durante vários dias eu e alguns consultores da Triad visitamos consultórios médicos e hospitais, acompanhando as reuniões entre o médico e o propagandista. Toda visita possuía um objetivo previamente definido e havia um roteiro a seguir de acordo com o tempo e a região visitada.

Geralmente o propagandista chegava ao consultório, se apresentava à recepcionista e aguardava lendo uma revista ou atualizando o sistema no notebook. Quando era chamado, começava a reunião cumprimentando o médico, perguntando como ele estava passando e, na sequência, apresentava o produto de maneira bem positiva: "Tenho uma novidade boa para você hoje", "Trouxe as amostras que você pediu na visita anterior", "Tenho um convite especial para você" etc.

Depois de apresentar o produto ou serviço previsto, o profissional fechava a reunião com amenidades e pendências para a próxima reunião. Era comum surgir no meio da conversa algum assunto que não tinha nada a ver com o foco do encontro. Tudo de forma bem descontraída e alegre.

Quase todos os propagandistas que acompanhamos eram motivados, gostavam do trabalho e conheciam bastante os produtos que representavam. Durante a reunião com o médico, a condução em geral mantinha a objetividade, com pequenas distrações. Eles realizavam cerca de sete reuniões por dia, com um tempo médio de duração de 52 minutos. O índice de aproveitamento era de cerca de 60%.

Treinamos cinco propagandistas segundo o modelo de condução descrito acima e acompanhamos o resultado. O processo de adaptação foi rápido. Depois das três primeiras visitas e um pouco de *coaching* (treinamento), a abordagem começou a ficar mais natural e os profissionais adaptaram suas próprias experiências e técnicas ao novo modelo. Em consequência, o tempo de reunião com os médicos foi reduzido para 43 minutos logo no primeiro mês, e os objetivos foram atingidos em 82% das reuniões.

Acompanhei esse cliente por mais dois meses e o resultado se manteve positivo. O primeiro grupo de propagandistas ficou responsável por replicar o modelo para o restante do time.

Uma condução discreta e customizada para o seu negócio tem tudo para dar bons resultados. Basta ter persistência, capacidade de adaptação e vontade de aprender. Não desista diante das dificuldades iniciais e busque aprimorar diariamente suas técnicas de condução de reuniões com clientes.

Acompanhamento

Quando você se reúne com um cliente, a fase de acompanhamento ganha importância redobrada. Documentar a reunião mostra claramente o papel de cada um em relação ao que foi discutido. O acompanhamento pode seguir o passo a passo tradicional dessa fase ou se restringir a um resumo do que foi acordado e enviado por e-mail. Quando existem tarefas a serem realizadas pelas partes, é uma boa ideia criar uma equipe virtual com a ajuda do Neotriad, um programa que permite a criação de um projeto e todas as tarefas relacionadas, bem como os responsáveis e seus respectivos e-mails. Dessa forma, todo mundo recebe as tarefas via Internet e, quando elas são concluídas, o próprio programa envia uma notificação aos membros do grupo. O Microsoft Outlook também permite criar tarefas e delegar responsabilidades. Para deixar tudo organizado, basta criar uma pasta com o nome "Tarefas" e centralizar nela todas as ações.

O modelo que vimos acima é simples, mas não é simplista. Ele exige uma grande habilidade de condução, discrição, objetividade e foco. Uma de suas principais características é a ausência de uma receita de bolo, o que significa que cada caso é um caso. Ou seja, você precisa aprender incorporar a essência do bom condutor à sua rotina de trabalho.

Uma última dica: não deixe que as reuniões externas tomem todo o seu tempo e não gerem resultados positivos. Para gerenciar com eficiência o seu tempo e desfrutar de qualidade de vida no ambiente corporativo, é necessário ter uma atitude proativa e assertiva perante os desafios. Não deixe que as circunstâncias tomem conta da sua vida — seja o condutor dos seus melhores momentos.

CAPÍTULO 11

CONDUZINDO REUNIÕES CRIATIVAS

É muito comum no dia a dia das empresas a realização de reuniões de criação, voltadas para a sugestão de novas ideias, produtos ou serviços. Nesse tipo de reunião, o papel do condutor é essencial para que se alcance o resultado esperado.

Existem diversas técnicas para desenvolver ideias e soluções e o condutor precisa estar preparado para aplicá-las. No capítulo "Referências para consulta" você encontra boas indicações de livros sobre dinâmica de grupo e sobre técnicas de facilitação.

A escolha da abordagem adequada é muito importante, pois algumas técnicas parecem interessantes à primeira vista, mas sua aplicação se mostra difícil, o que atrapalha a interação entre as pessoas. As técnicas são muito variadas e devem ser aplicadas de acordo com a necessidade e a situação.

O passo inicial para a condução de uma reunião criativa é o mesmo dos outros tipos de reunião — ou seja, é preciso definir o objetivo e os pontos de discussão. É comum que a parte de desenvolvimento de ideias seja realizada durante uma reunião convencional. Se isso acontecer em alguma reunião que você esteja conduzindo, recomendo deixar o brainstorm para o final ou para a volta de algum intervalo ou mesmo para o momento em que as pessoas estiverem entediadas.

Alguns pontos devem ser considerados na hora de planejar uma reunião criativa. O local é sem dúvida uma questão importante, pois ajuda muito se o ambiente for diferente e especial ou até mesmo temático. Se o objetivo é fazer com que as pessoas sejam criativas e inovadoras, um ambiente igualmente criativo e inovador já é meio caminho andado.

Dependendo do tipo de negócio da empresa, vale a pena pensar em criar uma "sala de criatividade", decorada com sofás confortáveis, pufes, objetos engraçados, *flipcharts*, quadro branco, canetas diferentes e coloridas, poltronas confortáveis, música, máquina de café expresso, guloseimas etc. Outra opção é o aluguel de uma sala em um hotel ou local de eventos e contratar uma produtora para criar a ambientação que você quiser.

O tempo de execução é outro ponto importante em uma reunião de criatividade. É recomendável deixar uma folga no planejamento de tempo, pois esse tipo de atividade costuma se estender.

As técnicas de desenvolvimento de ideias e soluções precisam ser executadas numa determinada sequência. O facilitador do grupo precisa explicar claramente como será feito o procedimento. Certifique-se de que todo mundo está prestando atenção e interrompa qualquer conversa paralela. Se o grupo for grande, divida-o em grupos menores e repasse em detalhes o passo a passo do que deve ser feito.

Existem muitas técnicas para estimular a criatividade, mas decidi selecionar as duas que costumo usar e que dão os melhores resultados. Elas são simples, práticas, rápidas e podem ser usadas na maior parte das situações.

Brainstorm ("toró de parpite")

O mais famoso processo criativo foi desenvolvido na década de 1930 pelo publicitário Alex Osborn, autor do livro *O poder criador da mente: princípios e processos do pensamento criador e do "brainstorming"*. O problema dessa técnica é que sua aplicação muitas vezes perde eficácia pela forma que é conduzida.

O principal propósito de uma sessão de brainstorm é a criação de novas ideias para problemas ou situações sugeridas pelo condutor. Mas, para que isso aconteça, é preciso seguir algumas regras básicas, entre elas:

> **Não pode haver discriminação** — Como o objetivo é ter ideias, não pode haver pré-julgamentos, por mais estranha que seja a ideia sugerida. Qualquer tipo de discriminação ou censura torna o ambiente impróprio para continuar o processo.
>
> **O objetivo é quantidade, não qualidade** — No primeiro momento do brainstorm, o que importa é

o volume, a quantidade de ideias, não sua qualidade e/ou viabilidade. Só depois é que começa o processo de análise da aplicabilidade (custo, adequação etc.).

Ritmo — O condutor precisa estabelecer um ritmo acelerado de apresentação de ideias, pois isso cria dinamismo, espontaneidade e engajamento entre os participantes. Se as pessoas só derem sugestões a cada dez minutos, a dinâmica criativa esfria e as ideias tendem a secar. Quanto mais acelerado o ritmo, maior o volume de pensamentos e opiniões.

Bom-humor — Conduza o processo de forma alegre, pois isso favorece a espontaneidade e evita a discriminação. Se os participantes embarcarem nesse estado de espírito, o processo fluirá com muito mais facilidade.

Para que o brainstorm seja produtivo, é preciso escolher uma maneira de registrar as visões e ideias apresentadas. Pode ser num *flipchart*, pelo sistema de Mapas Mentais ou mesmo num notebook. É imperativo que seja visível por todos os participantes.

Existem muitas formas de aplicar a técnica de brainstorm. A que considero mais eficaz é a seguinte:

1. Apresente a ideia ou o problema aos participantes. Se for necessário, explique a questão nos mínimos detalhes e tire eventuais dúvidas. Caso as ideias

comecem a surgir espontaneamente, as anote. Se não surgirem, dê um tempo de três a cinco minutos para as pessoas pensarem e depois comece a registrar tudo o que elas falarem.

2. Deixe claro que assim que você começar a registrar os comentários, pensamentos e ideias, nada será censurado ou discriminado.

3. Imprima um ritmo no processo de coleta e registro de ideias. Para isso, repita em alto e bom som a ideia que está escrevendo.

4. Se o fluxo criativo der uma parada, estimule o grupo fazendo perguntas: "O que mais pode fazer por esse problema?", "Podemos combinar algumas ideias?", "Alguma outra perspectiva?" ou "Alguma ideia muito maluca?"

Observação: para fazer uma variação, reúna os participantes em grupos, peça que anotem suas ideias em um papel e depois registre no *flipchart*, no mapa mental ou no notebook.

5. No momento em que achar que tem ideias suficientes, comece a agrupá-las de acordo com a relevância e o objetivo da discussão.

6. Com base nas ideias agrupadas, revise com as pessoas para confirmar o entendimento.

Observação: esse é o momento de selecionar as melhores ideias para resolver o problema, visando a sua discussão posterior. Destaque as mais relevantes, de acordo com a escolha do grupo. Não se trata de discriminar e sim de selecionar e priorizar as ideias sugeridas.

7. Agradeça a todos os participantes e encerre o processo.

É impressionante o bom resultado de um brainstorm quando a meta é criar novos caminhos ou solucionar problemas. Às vezes, a mais ridícula das ideias pode se tornar um grande produto ou solução.

Solução de problemas

Outra missão bastante comum do condutor de reuniões é encontrar soluções para todo tipo de problema corporativo. Existem diversas técnicas para esse tipo de necessidade e elas variam de acordo com o tamanho do grupo e aplicação.

A base desse processo é o trabalho colaborativo em dois níveis. Primeiro, com equipes pequenas (no máximo, três participantes), e depois com todo o grupo reunido para discutir a questão. Essa abordagem é perfeita para discutir o aproveitamento de novas oportunidades ou mercados. Seja para problemas ou oportunidades, ela pode ser feita em múltiplos itens e não apenas em um único problema, como no brainstorm. O procedimento é o seguinte:

1. Apresente os problemas ou oportunidades que precisam ser resolvidos. Anote o nome de cada

problema ou oportunidade no topo de uma folha de *flipchart*, uma para cada assunto. Se necessário, destaque a folha e grude na parede com fita crepe.

2. Explique cada problema ou oportunidade e apresente a maneira de trabalho de cada grupo, deixando claro que eles precisam identificar as origens do problema, suas possíveis soluções e um plano de ação de três passos. Cada grupo deve anotar suas resoluções em folhas, blocos ou mesmo *post-its*.

3. Divida o grupo em grupos menores e peça que criem uma tabela com Origem, Soluções e Plano de Ação para cada problema.

Observações: Por origem entenda descobrir a procedência do problema. Por exemplo, se o problema é no setor de entrega de pedidos, a origem pode ser no sistema de *e-commerce* ou falhas na expedição. Com a origem identificada, cada grupo deverá discutir a questão e propor soluções. Cada alternativa deverá ter um plano de ação com duas ou três atividades (tarefa, data, responsável) para iniciar a implementação da solução. Quanto mais específico o plano, melhor.

4. Determine um prazo (no máximo, 50 minutos) para a discussão dos problemas ou oportunidades. Monitore os grupos e verifique se as colunas estão sendo preenchidas adequadamente.

5. Quando os grupos terminarem, colete as sugestões e comece a ouvir cada grupo, por ordem do problema. Anote no *flipchart* a origem, a solução e o plano de ação do grupo. Caso surjam sugestões semelhantes, registre apenas as variações.

6. Após terminar o trabalho de registro, trabalhe com os gestores da equipe nas soluções viáveis que estão apresentadas e detalhe um plano de ação com o grupo.

Essa técnica pode ter diversas adaptações e variações. Ela costuma ser bastante útil na discussão de problemas em grupos de trabalho e gera planos de ação bastante viáveis.

CAPÍTULO 12

NEUROLINGUÍSTICA: UM APOIO PARA A BOA CONDUÇÃO

Ao longo da minha carreira de condutor tive oportunidades ímpares de ser treinado por grandes facilitadores, o que me levou a conhecer as várias técnicas, metodologias e formações que compõem as habilidades de condução.

Outra experiência importante que tive como facilitador foi a do Empretec, um seminário promovido pela Organização das Nações Unidas (ONU) para a formação de empreendedores. O treinamento é um verdadeiro aprendizado de condução e facilitação de reuniões, pois o instrutor precisa constantemente estimular o grupo a desenvolver ideias e conteúdo.

A Triad, para mim, funciona como um eficiente laboratório de facilitação, pois somos contratados para projetos de condução de reuniões, treinamentos e consultorias nas mais diversas áreas empresariais.

Não tenho a intenção de esgotar o assunto, apresentando

todas as suas bases teóricas. Quero apenas colocar à disposição dos interessados um pacote de técnicas e procedimentos que ensine qualquer um a dar os primeiros passos para se tornar um condutor profissional.

Além da leitura especializada, do treinamento e da certificação necessária, a prática e a experiência são imprescindíveis para que você alcance um nível de excelência e seja bem-sucedido como condutor de reuniões. Encare este livro como um guia, com estratégias, dicas, técnicas e princípios para você aplicar ao seu dia a dia.

Entre todas as técnicas que contribuem para a formação de um condutor de reuniões profissional, a Programação Neurolinguística (PNL) merece um destaque especial. Ela ajuda a programar seu comportamento para um modelo mais eficiente. No Brasil existem diversos institutos e escolas que oferecem cursos de neurolinguística.

A Sociedade Brasileira de Programação Neurolinguística está no Brasil desde 1980 e atualmente é presidida por Gilberto Craidy Cury, que além de instrutor é um grande empreendedor. Aproveitei para convidar o Gilberto a escrever um texto com as principais dicas de neurolinguística para uma reunião de resultado.

"A meta essencial de uma reunião é garantir a interação do grupo em busca de determinados objetivos. As técnicas da Programação Neurolinguística são bastante específicas em relação a esses objetivos: primeiro, é necessário saber quais são os objetivos e tê-los bem claro na mente (fase PLAN). É importante usar termos afirmativos na hora de formular os objetivos. Ou seja, não diga o que você não quer, e sim o que você deseja. Este detalhe garantirá a fluidez da reunião, pois todos entenderão melhor qual é o foco.

Durante a reunião é normal prestar atenção na expressão e no gestual dos outros, mas é preciso tomar cuidado com esse hábito. Cada indivíduo reage de modo diferente a um estímulo e muitas vezes é melhor não arriscar uma interpretação. Perguntar e verificar ainda é o melhor modo de entender melhor o outro. É preciso se basear no que é dito e não somente em percepções não-verbais.

Ao liderar uma reunião é importante manter objetivos de curto, médio e longo prazo ou sua atenção estará à deriva e a reunião poderá ser prejudicada ao ficar sem rumo.

Outro ponto importante é decidir quem fará parte da reunião. Para isso, considere a regra dos dois terços: cada convidado deve ter informações sobre dois de cada três itens agendados. Esta regra é flexível e pode ser adaptada de acordo com o tamanho da empresa e da reunião. Consiga tantas informações quanto puder sobre as pessoas que participarão da reunião. É bom saber com quem vai lidar.

O ambiente influencia diretamente na reunião — sala, mesa, cadeiras, iluminação, temperatura. É preciso prestar atentar a esses detalhes. Sempre que possível seja o primeiro a chegar. Receber cada participante permite estabelecer uma empatia com os convidados.

No início da reunião, utilize a técnica de contar uma pequena história ou metáfora. Isso gera o "estado interno" adequado nos presentes, colocando filtros perceptivos úteis para os objetivos da reunião. O sucesso de uma reunião depende de cada pessoa estar presente física e mentalmente.

A PNL ensina alguns passos para se realizar uma boa reunião, entre eles estabelecer os objetivos por escrito, pois isso define os limites da discussão e mantém os participantes focados nos objetivos. É importante ainda verificar se todos concordam com o objetivo estabelecido. Obtida a concordância, segue-se adiante.

Outra etapa essencial é explanar as evidências e mostrar os critérios de sucesso. É preciso saber se o objetivo foi atingido e quais as evidências (o que será visto, ouvido e sentido) desse sucesso.

Ativar a percepção não-verbal ajuda a detectar possíveis discordâncias ou incongruências que frequentemente ocorrem no caso de agenda oculta (agenda oculta são opiniões contrárias devido a motivos pessoais. Por exemplo: se um projeto for aprovado, sua área será prejudicada, no entanto toda a empresa se beneficiará. Neste caso, é melhor se manter em silêncio).

Fazer um sumário de cada decisão é útil para saber em que ponto a reunião se encontra e para ter parâmetros de comparação com os objetivos traçados inicialmente.

O segredo do uso de desafios de relevância está na maneira de perguntar. Antes de fazer uma questão, pergunte-se se ela será útil à reunião. Com esse método, as reuniões encurtarão e ficarão mais produtivas, levando os participantes a se empenharem ainda mais nos questionamentos.

Antes de finalizar uma reunião, é importante elaborar

o roteiro das decisões mais importantes, do objetivo final e dos próximos passos a serem seguidos. Se o tempo de reunião for ultrapassado e ainda estiver faltando informação é melhor adiar o encontro até o momento em que todos estiverem novamente disponíveis.

A reunião é considerada um sucesso se avançou até onde foi possível sem perda de tempo. No entanto, nem toda perda de tempo é negativa. É preciso conciliar estrutura e liberdade para se ter uma reunião bem-sucedida. Reservar espaço para exercícios de criatividade como brainstorms, jogos e fluxos de ideias estimula a coesão do grupo.

Além de um encontro para buscar formas de atingir objetivos, a reunião é um momento de negociação. Com várias ideias e opiniões diferentes na mesa, é preciso tomar cuidado com as maneiras de dizer algo. Valide qualquer proposta do outro lado e só então refaça a sua posição, clareando o resultado que deseja e procurando a intenção da proposta — "entendo que você ache esse ponto de vista importante, mas não concordo".

Valorize a opinião dos outros mesmo sendo contrário à ideia e então apresente a sua versão. Avise explicitamente antes de fazer uma pergunta ou sugestão: "Posso fazer uma pergunta?" Isso evitará que as pessoas se choquem ou fiquem constrangidas. Dê, no máximo, de três a cinco razões para uma proposta. Assim, o outro lado terá mais facilidade de memorizá-la.

Expresse seus sentimentos. Bons negociadores falam de seus sentimentos. Mas, quando o fizer, mantenha-se atrelado ao conteúdo da reunião. Enfatize áreas de concordância ao focar em pontos comuns que apareçam durante uma discussão. Quando possível, dê razões para uma proposta e só então faça a proposição. Isto elimina objeções potenciais. Provavelmente somente suas razões serão atacadas, mantendo a proposta resguardada.

Se, por acaso, a reunião “empacar”, faça algo diferente. Lembre-se: se você continuar fazendo o que sempre fez, continuará obtendo o que sempre obteve.

Ao perceber perda de foco da reunião, interrompa o assunto e faça breve resumo de tudo o que foi decidido até então, relembrando o objetivo final. Se você não é o líder da reunião, peça a confirmação do líder e dê a ele a palavra. É possível também propor um assunto para ser debatido, mas esta situação precisa ser analisada para não correr o risco de se tornar antiética.

Todo bom negociador tem qualidades que podem ser utilizadas positivamente durante a liderança de uma reunião. São elas:

—Saber criar empatia com seu público. A implicância muitas vezes leva a criticas; quando há empatia, a pessoa se torna mais flexível;

—Em vez de defender e depois atacar, o negociador considera as propostas feitas como possibilidades;

—Manter em mente o resultado desejado e não sua posição. Assim, diversos conflitos serão evitados;

—Ter a autoestima em ordem também é interessante. Com mais confiança a comunicação tende a ser menos conflituosa e os problemas são resolvidos mais rapidamente;

—Usar sempre a flexibilidade.

A linguagem é outro fator relevante em uma reunião. Certa vez o presidente de uma multinacional estava tendo problemas com as reuniões de diretoria e me chamou para assistir a um desses encontros. Ele me apresentou como consultor de projetos e, durante a reunião, percebi que todos usavam demais a palavra "mas", que é grande anuladora da opinião de outros, pois ela diminui o valor de tudo que vier antes e valoriza o depois. Além disso, a palavra "mas", assim como as outras conjunções adversativas (porém, todavia, contudo), coloca as pessoas na defensiva e pode afetar a empatia. A solução é fazer declarações em termos afirmativos e usar conexões aditivas: "Achei sua ideia boa, e podemos considerar também..."

Ainda relacionado à linguagem, o acompanhamento não-verbal, ou seja, o modo como as palavras são ditas, também é importante. De acordo com Albert Merabian, no livro *Silent Messages*, os fatores que contribuem para o significado da comunicação podem ser divididos em três: as palavras (7%), como as palavras são ditas (35%) e as mensagens não-verbais (58%).

O segredo da reunião é acompanhar, acompanhar, acompanhar e só então conduzir, criando uma resposta condicionada ao sim.

Para trabalhar com pessoas agressivas ou difíceis é preciso suavizar a relação. Ao realçar pontos comuns e aceitar propostas como possibilidades, o indivíduo sente que sua opinião está sendo valorizada e tende a minimizar os conflitos. Um dos motivos de agressividade é quando as pessoas se acham desrespeitadas e/ou sentem que não estão sendo ouvidas e consideradas.

Como se pode ver, os "segredos" para realizar boas reuniões são relativamente simples: procure seguir esses procedimentos, adaptados a cada situação, e certamente você estará trilhando o caminho que leva a uma boa reunião."

CONCLUSÃO

Quando aceitei o convite para escrever este livro, achei que seria um projeto fácil e rápido, mas deu muito mais trabalho do que eu imaginava. Foi árduo, porém recompensador, e é por isso que coloco o ponto final com a sensação de dever cumprido.

Busquei ser o mais objetivo, direto e prático possível para que você consiga aplicar as técnicas aqui apresentadas em sua rotina de trabalho, não importa o tipo de empresa ou negócio em que esteja envolvido. Evitei abordar tópicos muito específicos e me concentrei em temas e situações que todos enfrentam no cotidiano corporativo.

Nos Estados Unidos, existem diversas associações de condutores de reuniões. Algumas oferecem diplomas e certificações e outras disponibilizam recursos interessantes como banco de dados de técnicas de condução, entre outros. Eu assino alguns desses bancos de dados e posso dizer que 20% são úteis, o restante não passa de ideias inaplicáveis ou específicas demais.

Desenvolvi, junto com a equipe da Triad Consulting, uma grande base com estudos de caso e técnicas. Também criei uma certificação para condutores de reuniões, que garante ao mercado que aquele profissional foi testado, aprovado e, portanto, está habilitado a conduzir reuniões profissionalmente.

O processo de habilitação demora em média seis meses e depende do nível de conhecimento teórico do candidato, bem como do histórico de reuniões conduzidas e do registro de atividades, entre outras avaliações.

No início deste livro eu mencionei o custo absurdo das reuniões e disse que era possível torná-las mais produtivas e reduzir seu número em 30%. Agora que você conhece o método, volto a afirmar que essas mudanças são possíveis, embora não aconteçam do dia para a noite. É preciso ter persistência e se submeter a um processo de conscientização antes de passar à fase de planejamento e de aplicação da metodologia propriamente dita.

Se você está lendo este livro, não deixe para depois — comece agora mesmo a conscientizar seus colegas de trabalho sobre a necessidade de implantar um novo procedimento nas reuniões que vocês realizam. Não tente mudar as pessoas, e sim mostrar como seus hábitos são improdutivos e o que pode ser feito para evitar o desperdício de tempo e dinheiro.

Quando seus colegas aceitarem a ideia de melhorar as reuniões (o que é bem fácil, diga-se de passagem), o próximo passo é convencer a liderança. Se o chefe não apoiar o processo de mudança, as chances de ir em frente são mínimas, para não dizer inexistentes.

Prepare uma pequena apresentação para seu gestor e mostre o número de reuniões realizadas no último trimestre e os resultados alcançados. Faça uma análise do tempo investido nas reuniões e mostre o quanto a empresa perde e o quanto pode ganhar. Ajude-o a criar uma visão para essa necessidade e crie um plano de implantação. Se precisar do apoio da Triad, entre em contato conosco para que possamos customizar uma solução de acordo com as suas necessidades.

Uma boa dica para iniciar o processo é emprestar este livro ao seu gestor, de modo que ele tenha acesso ao modelo Triad de reuniões e também possa dar sua contribuição ao processo. Se, depois disso, ele ainda tiver dúvidas, peça autorização para fazer uma experiência. É a sua chance de planejar uma reunião, conduzi-la de forma discreta e acompanhar o resultado. Seu exemplo certamente vai mostrar os benefícios de uma reunião produtiva.

Você tem tempo para você?

Eu não poderia terminar um livro sobre reuniões sem mencionar a reunião que não pode ser adiada e que deve ser realizada constantemente: a reunião com você mesmo.

Considero uma espécie de missão pessoal administrar o dia a dia da forma mais produtiva e eficiente e ajudar as pessoas a repensarem suas rotinas de trabalho. E não poderia haver lugar melhor para falar sobre isso do que este livro.

O conceito que chamo de "autorreunião" nasceu na época mais estressada de minha vida. Após uma série de problemas de saúde, decidi fazer um curso de administração de tempo. Confesso que não acreditava no assunto, mas minha equipe me incentivou a fazer algo por mim (e por eles!).

No curso, o instrutor fez uma pergunta que atrapalhou o meu sono por muitos dias: ele perguntou se eu tinha tempo para mim mesmo. E ainda disse que o curso só terminaria quando a resposta para essa pergunta fosse positiva.

Quando ele fez essas afirmações, achei ridículo. Eu não tinha tempo para tantas coisas importantes, quanto mais para mim mesmo. Não achava que era necessário naquele momento. Depois que o curso terminou me flagrei pensando no que o instrutor havia dito. Aquilo havia me incomodado, mas ainda não tinha achado uma resposta satisfatória.

Um dia, estava agendando algumas reuniões e me perguntei: "Eu conduzo reuniões para tanta gente, que tal marcar um encontro comigo mesmo !?" Decidi tentar. Marquei uma "autorreunião" para a sexta-feira da semana seguinte, das 17 às 19h.

No dia seguinte, minha secretária perguntou que reunião era aquela. Ri e disse que precisava de um tempo pessoal, que estava estressado e que já não lembrava mais o que gostava de fazer. Por falar nisso, você sabe o que o diverti?

Naquela sexta-feira, às 17h, peguei o carro e saí pela cidade sem saber direito para onde ir. Passei na frente de um cinema e parei para assistir ao filme que estava passando. Quando terminou, senti uma sensação de realização, de bem-estar e de equilíbrio tão grande que valeu a pena. Não foi o filme em si, mas o fato de ter feito algo divertido e totalmente sem compromisso, a não ser comigo mesmo. Depois dessa sessão de cinema aleatória, nunca mais deixei de reservar um tempo para o meu lazer pessoal, pelo menos a cada mês.

Depois de tantos anos ensinando e pesquisando sobre administração de tempo, posso dizer que gerenciar a energia que nos move para executar nossas ações é tão importante quanto gerenciar o tempo. Isso explica por que muitas pessoas planejam o cotidiano em detalhes, mas no fim do dia têm uma lista de coisas pendentes. Elas perdem tempo divagando durante determinadas tarefas, ficam sem pique, se desconcentram, saem para tomar um café e bater papo. Enfim, não têm energia suficiente para conseguir executar as atividades previstas e, por isso, não conseguem cumprir o prazo.

Quanto mais tempo você reservar para si mesmo, mais energia terá. E como consequência, aumentará seu tempo livre, pois seu cotidiano será mais produtivo e focado nas ações programadas. Ao agendar uma "autorreunião", você se autoajuda. Que tal fazer isso agora? Abra sua agenda, escolha uma data e marque um encontro com você próprio. Desta vez não se preocupe em conduzir ou acompanhar os resultados — apenas curta como se fosse o seu último dia de vida.

Digo e repito: gerenciar o tempo não é uma questão de acreditar ou não. O importante é experimentar e comprovar os resultados. Eu garanto que funciona. Se der errado é porque você está fazendo um planejamento ruim ou está sem energia.

Utilize seu tempo com sabedoria, fazendo com que suas reuniões tenham mais resultados, pois este é seu único e verdadeiro recurso. Essa é a mensagem que deixo para você.

Fique com Deus.

REFERÊNCIAS E BIBLIOGRAFIA

Se quiser saber mais sobre administração de tempo e produtividade, leia o meu livro *A tríade do tempo*, no qual apresento o resultado de uma pesquisa, feita com mais de 14 mil pessoas em todo o mundo, sobre o que dá resultado e o que é mito. Meu outro livro — *Você, dona do seu tempo* — mergulha também na administração do tempo, mas, como o título já diz, é voltado para as mulheres. Nele, mais de cinco mil mulheres foram ouvidas. O resultado? Elas conseguem se organizar em todos os seus papéis (mãe, mulher, executiva etc.) e ainda ter tempo para cultivar relacionamentos e definir seus objetivos na vida.

Se sentir vontade de compartilhar experiências, tirar dúvidas ou obter maiores informações sobre reuniões de resultados, convido-o a visitar o site <www.triadedotempo.com.br/reuniao>. Ou entre em contato através do meu blog <www.maistempo.com.br> ou pelo e-mail <contato@christianbarbosa.com.br>. Sempre respondo a todos que me escrevem.

Existem diversos sites oferecendo conteúdo, além de e-books gratuitos e vídeos, sobre o tema:

www.triadedotempo.com.br — Site institucional da Triad Consulting.

www.vocecommaistempo.com.br — Portal de produtividade que a Triad Consulting desenvolve em conjunto com a revista *Você S/A*.

www.triadedotempo.com.br/emala — Recursos e dicas para usar bem seu e-mail.

www.triadedotempo.com.br/mulher — Gestão de tempo para mulheres.

www.neotriad.com — Sistema on-line de produtividade pessoal e gestão de equipes.

www.triadorganiza.com.br — Software para gestão de conhecimento, Mapas Mentais e leitor de RSS.

www.monkeysurvey.com e www.constantcontact.com — Sites de avaliação e pesquisa on-line.

www.golfinho.com.br — Site de referência com artigos e muito conteúdo sobre Neurolinguística.

Dinâmica de grupo é um tema interessante para quem deseja conduzir reuniões com eficiência. Para aumentar seu repertório de técnicas e dinâmicas, leia os livros abaixo, ainda não lançados no Brasil. Tome cuidado apenas para não transformar a reunião em um treinamento.

The Right Way to Conduct Meetings, Conferences and Discussions, de H. M. Taylor e A. G. Mears.

Advanced Facilitation Strategies: Tools & Techniques to Master Difficult Situations, de Ingrid Bens.

Facilitation Made Easy: Practical Tips to Improve Meetings and Workshops, de Esther Cameron.

Programação Neurolinguística é outro assunto fascinante. Quem está dando os primeiros passos deveria visitar o site da Sociedade Brasileira de Programação Neurolinguística <www.pnl.com.br> e ler os seguintes livros:

Treinando com a PNL, de John Seymour e Joseph O'Connor. Editora Summus.

PNL. *Manual de Programação Neurolinguística*, de Joseph O'Connor. Editora Qualitymark.

Enfrentando a audiência, de Robert B. Dilts. Editora Summus.

Poder sem limites. O caminho do sucesso pessoal, de Anthony Robbins. Editora Best Seller.

O inglês Tony Buzan criou um método para registrar ideias surgidas em reuniões, através de Mapas Mentais. O site original <www.buzanworld.com> é em inglês, mas a Triad oferece um software gratuito para criação de Mapas Mentais.

Este livro foi composto em
Electra LH, corpo 13 e Myriad Pro Semibold, corpo14.
Impresso pela Ediouro Gráfica sobre papel Chamois Bulk Dunas 90g
para a Agir em maio de 2009.